出版人・知的所有権叢書

出版の
境界に生きる

私の歩んだ
戦後と出版の
七〇年史

宮田 昇

太田出版

出版の境界に生きる

私の歩んだ戦後と出版の七〇年史

はじめに

出版に私が初めて関わったのは、昭和二三年である。半年ほど通った築地の事務所から有楽町の駅まで歩いて行ったとき、当時は数寄屋橋にあった朝日新聞の電光掲示板が、太宰治の死を知らせていたので、その年であることはまちがいない。

あれからほぼ七〇年近く経つ。そのなかで出版社に籍を置いていたのは、三社あわせて七、八年にすぎない。まずは文芸雑誌、次は大学英語テキストや参考書、ついで一般書の編集に携わった。いってみれば徒弟修業であったが、大手出版社では学ぶことのできない多くの経験をした。

それ以降は、翻訳権エージェントとして生きた。翻訳権エージェントは、海外の著作者の代理人である。その権利を守り、利益を追求しなければならなかった。だが、いま必要とされる本を読者に送り出したいという編集者時の思いは、私から消えていなかったのだと思う。可能な限り日本の出版実情にそう翻訳権の仲介に努めた。本籍は、やはり、出版者だったのであろう。

こちらから望んでなったものではないが、私は日本出版クラブや日本出版学会の役員にもなった。また、わずか四年間に過ぎないが、出版の労組の上部団体の役員も務めた。にもかかわらず、最後までそれらの団体で、市民権を与えられた気がしなかった。翻訳権エージェントを異業種と思うのは当然だし、ときには下請けと見做したかもしれない。また、著作権プロパーと誤解された気味がある。

もちろん、私の知識は翻訳権、それも仲介に役立つ知識に限定されていて、法律家の集まりである著作権界では、その専門家として扱われるはずはなかった。逆に著作権の団体に出席すると、出版界の人間と見做された。

そのために、なにかにつけて私が出版を代表して出席しているかのように討論をしかけられた。とくに「翻訳権一〇年留保」については、海外の著作権者のエージェントである立場との矛盾を突かれた。だが、そこで揉まれたことで、他のメディアの著作権実務知識を得られると同時に、世界各国の著作権法を比較して勉強し直すことができた。

また、あるときから私は、児童読み物や時評のようなものの執筆をはじめていた。海外の著作権者のエージェントという立場以上に、自身執筆者となって出版の実態を身をもって知った。それらの経験の中で、出版学でも労使関係でも、ひとくくりに論じられ、対処しているのに違和感を持った。

出版といっても、千人規模の大出版社からひとり出版社まで規模の大小の違いがある。その発行する書にしても、学術書から児童書、学参、教科書まで多種多様である。また、マスの雑誌を主体とする社とミニを基本とする単行本の社とは、出版姿勢も経営の仕方も根本的に違う。

なによりも、多くの問題を抱えているのに、現行の出版流通をよしとして受け入れ、その構造的欠陥を歴史的かつ世界との比較で指摘して論じていないことに疑問を持った。私が、欧米の出版システムに関心を持ったのはそのためでもある。

しかも一般的に著作権に関心をもたず、著作権の権威といわれているひとたちも欧米の事情に疎かった。とくに翻訳出版のウェイトが小さかったせいもあって、翻訳権についての理解がなかった。国際著作権条約未加入時代の中国の無断翻訳の多さに怒り、同じく未加入のベトナムの海賊出版を取り締まったと喜ぶのを見聞きして、日本が明治維新以来、当初はベルヌ条約への加盟をはじめ、著作権保護の拡大にいかに抵抗してきたかの認識に無知なのに苛立たしくさえあった。

とはいえ著作権のほうも、欧米の著作権法を専門とする法律家や学者は、それぞれの国の著作権法に詳しいが、比較して論じることがあまりない。とくに著作物の使用の多いアメリカの著作権法が、ベルヌ条約加入まで特異で自国本位なものであったことを教えなかった。

また裁判では、誤訳の箇所の利用のみを著作権侵害としたことでも見えているように、翻訳の創造性に重きを置いていなかった。そのため出版者の固有の権利がない現状では、翻訳出版の侵害を出版社がただちに訴えられないことが、今もって問題にされていない現状がある。

振り返って、このような問題意識を持ったのは、私が翻訳権エージェントでありながら、執筆者であり、著作権の実務研究者であり、かつ編集者であろうとしたせいかもしれなかった。編集者とは、すべてにわたって好奇心を持ち、それを形にすることである。会員制の著作権相談室、日本ユニ著作権センターの設立を思い立ったのも、出版ではないがそのひとつかもしれない。おそらく私は出版を本籍としながらも、その境界ともいうべきところに生きてきたので、それを可能にしたのだろう。

このような私に興味を持ったのか、虎ノ門総合法律事務所所長の北村行夫氏と、日本ユニ著作権センター代表の宮辺尚氏、そして太田出版社長の岡聡氏が私の過去を聞かせてほしいといってきた。

老い先がほとんどない身である。自身を語ってよいと思って受け入れたのだが、日本ユニ著作権センターの会報「JUCC通信」に掲載されたのを見て、軽率だったと後悔した。聞かれるほどの仕事をした人間ではなく、改めて自分の悔いの多い人生を蘇えらせてしまったからである。

しかし、三人は月一で数回も聞きに来られ、そのあと宮辺さんが補充に来て、本書にある「私の歩んだ戦後と出版の七〇年史」に纏めた。そして、岡さんが発行を申し出てきた。途中、なん度となく進行を止めたいと考えた。少部数の会報誌でならとにかく、本に纏めて活字として残すのに抵抗があった。だが、私は自身の過去への扉をすでに開けていた。

『新編 戦後翻訳風雲録』『図書館に通う』がそれである。

『新編 戦後翻訳風雲録』は、自死した友人の翻訳者田中融二のレクイエムが出発点だったが、翻訳者を描くことで、戦後の翻訳出版とそれに関わった自身のことに触れている。また『図書館に通う』では、終戦直後の雑誌編集者時代のことを書いている。今更引き返すことは許されなかった。

私の過去は、多くの貴重な出会いを抜きには語れない。その出会いがあって出版にかかわった。私は、出会いから学び、さらに新しい出会いを得て、それらに支えられて戦後を生きた。私の七〇年を語ることは、その出会った人々を語り伝えることにもつながる。多くが鬼籍に入った今、生き長らえた人間の果たす役割と腹をくくらざるをえなかった。

そこで「私の歩んだ戦後と出版の七〇年史」を補うものとして、すでに公表した「翻訳権エージェントという仕事」「遠いアメリカの出版界」「回想　豊田きいち」と講演「公立図書館のさらなる普及・充実のために」の四編を加えることにした。

「翻訳権エージェントという仕事」では、理解されない翻訳権エージェントを、かつての「プラーゲ旋風」から振り返って説明した。そして電子出版を目の前にして、翻訳権一〇年留保問題の解決を迫られていることに触れた。

「遠いアメリカの出版界」では、アメリカ出版界の構造や編集者の実像と、オンデマンド時代に見る出版者の姿勢の違いを垣間見た。十数年前の記述だが、オンライン出版（電子書籍）の時代になって、雑誌を主体としたマスから、紙であろうと電子であろうと、ミニを基本とする出版に変わりつつある今、その実態は変わらないだろう。

「回想 豊田きいち」は、副題の「出版者の権利」のとおり、果たせられなかったその権利への豊田きいち氏の執念に触れ、彼のレクイエムとしたものである。それは同時に日本ユニ著作権センターの創立の歴史を物語ったものでもある。

「公立図書館のさらなる普及・充実のために」は、『図書館に通う』を上梓したあと、東京都多摩地域公立図書館大会での講演で、「公立無料貸本屋」と誇る出版社側の図書館に対する見方を話した。図書館への注文より、むしろ、私は図書館の重要さを認識できない出版社の構造分析に重きを置いたと思う。

最後に「私の歩んだ戦後と出版の七〇年史」に私の口述を編集して纏めた宮辺尚氏に感謝を申し上げる。また、「月刊コピライト」（公益社団法人著作権情報センター発行）の「著作権談話室」に載った杉村晃一氏による私へのインタビューを、「翻訳権エージェントという仕事」という口述のスタイルにすることを許可された同氏と、やはりその纏めをしていただいた宮辺さんに心から御礼をする。

ただし、口述、インタビューであろうと、講演であろうと、最終的に私が修正加筆したものであって、その責はすべて私にある。

宮田　昇

目次

ブックデザイン　鈴木成一デザイン室

I　私の歩んだ戦後と出版の七〇年史

翻訳編集者前夜——昭和二〇年代前半

終戦直後の出版界

私の早川書房編集者時代のことを話します。昭和二〇年代後半です。それにはまず、当時の出版界の状況を説明しておかなければなりません。

戦後の昭和二〇年二一年は、戦中、活字に飢えた反動もあって、雨後の竹の子のように出版社が誕生しました。しかし考えてみると、そのころ創立された出版社で生き残っているのは、マガジンハウスなどの雑誌社を除くと、主だったところでは、角川書店とみすず書房、早川書房ぐらいです。多くの社が消えてなくなっています。

戦争が終わっても紙の統制はつづいていましたが、紙さえ手に入れれば、本は必ず売れる時代です。出版社の数は、昭和二四年初めにはじつに四千数百社にもなりました。それが昭和二五、六年には一気に千数百社に減ってしまう。

どうしてそうなったかというと、ひとつにはドッジ改革と呼ばれるものがあった。GHQ（連合国軍最高司令官総司令部）の経済顧問として訪日したジョセフ・ドッジが行った財政金融引き締め政策です。

おかげで凄まじいインフレはおさまりはしたものの、逆にデフレが進行し、失業や倒産が相次いだ。出版社もその大きな波にのまれました。「白い紙を黒くさえすれば売れた異常景気」は、これで消え去ったのです。

また、GHQによる日本共産党弾圧やレッドパージ、さらに共産党内部の抗争などによって、左翼的出版物が売れなくなったことも理由に挙げられるかもしれません。その当時は、結構、そういったジャンルのものを出す出版社の数が多かったのです。

それらのことよりもっと出版社に打撃をあたえたのは、日本出版配給株式会社、いわゆる日配が、昭和二四年のGHQの命令で、翌年に解散させられたことです。日配というのは、戦時中、そのころの四大取次である東京堂、東海堂、北隆館、大東館をはじめ、日本中の取次店を統合して、出版物の配給を、配本ではありません、まさしく配給を行うためにこしらえられた国策会社、日本出版配給統制です。

その統制会社が敗戦で統制がとれて普通の会社になりました。だが、買切制であった書籍が見本委託のようなものができて準買切制に変わりましたが、内容はまったく同じでした。

ところがGHQの解散命令が出ると書店は、日配にお金を払わなくなり、催促をすると返本をもって相殺してきた。出版社は資金が回収できなくなっただけでなく、大量の返本を抱えて、ばたばたと潰れたのです。その被害が比較的少なくて済んだのは、雑誌出版社というか、雑誌を主としていた戦前からある大手出版社だけでした。

このときに日配を母体として、東京出版販売（東販）、日本出版販売（日販）、日本教科図書販売（日教販）などができるのです。実は日配が解散させられるという情報をいち早くGHQからキャッチしたのは、旺文社の赤尾好夫さんだったそうです。日配で雑誌を扱っていた優秀な人材を、戦前の東京堂の人が多かったそうですが、集めて立ち上げたのが東販（現在のトーハン）だと聞きました。

それより以前、戦後まもなくの昭和二一年、出版界は戦犯追放問題で揺れました。槍玉に挙がったのは、講談社、旺文社、主婦之友社、山海堂、家の光協会の他二社の七社です。日本出版協会の総会で、これら出版社の除名と完全追放を提案したのは、左翼系出版社の組織、民主主義出版同志会を中心としたところです。

日本出版協会の前身の日本出版会は、戦中、軍部の意向を受け、用紙の配給権を武器とし本や雑誌の思想統制をしました。その日本出版会が、出版社にとって死活問題である用紙の配給権を握ったまま日本出版協会に衣替えしたのです。もともとそんな協会で戦犯追放運動をするのは、矛盾していました。ＧＨＱの意向を利用して、戦犯追放の名のもとに、用紙を取り合った一面がなかったとはいえません。

そのこともあって、七社と同じく日本出版協会に反発した文藝春秋社、小学館、新潮社、中央公論社などは、脱会して日本自由出版協会を立ち上げます。これが可能だったのは、敗戦後まもなくは、戦犯出版社追放を陰で推し進めた占領軍の政策が、冷戦の激化とともに、反共に方向転換したことがあったと思います。

それらの出版社は、ちょうど今の雑誌協会のメンバーと重なるような、戦前からある比較的大きな雑誌出版社で、いち早く東販に出資します。この日本自由出版協会は、のちに全国出版協会と名を変えて、今もトーハンの中にありますし、出版科学研究所を運営して、資料の出版やセミナーをやったりしています。

これに対して、日本出版協会に残った出版社、戦前からある河出書房、日本評論社や戦後創立された中小零細出版社は、日配が解散したことでの打撃が大きく、多くが消えていくか、新社という形で再起をはからざるを得なかった。

当初、東販は主として雑誌を扱い、日販は単行本を扱い、日教販は文字どおり教科書を扱う取次として、二四年の九月に同時に設立されます。だからこの当時は、雑誌を主流にしている出版社、ないしは日本自由出版協会系の出版社は東販、それ以外の出版社は日販に任せるという認識でした。それが早川書房に私が入ることにつながるのです。

翻訳出版社へ舵を切った早川書房

早川書房は昭和二〇年八月の創業ですが、雑誌「悲劇喜劇」を苦境時でも出しつづけたことでわかるように、社長の早川清は演劇青年でした。彼は亡くなるまで「悲劇喜劇」の編集後記を書きつづけています。文章は達意あるものであった。その「悲劇喜劇」は昭和二二年一一月に創刊されました。

昭和二四年から二九年までの早川書房の刊行書籍リストを作ってみたのですが、二四年は発行総点数一〇点、二五年は一五点です。村山知義、三好十郎とか、千田是也の『近代俳優術』、アーサー・ミラーの『セールスマンの死』といった演劇関係の本が並んでいる。演劇書を主とした文芸出版社だったのです。

その早川書房がセオドア・ドライサーの『アメリカの悲劇』の翻訳出版権を取りました。いきさつは詳しくは知りません。その発行された昭和二五年ころから堰を切ったように、翻訳ものが多くなります。発行点数も増えます。

『アメリカの悲劇』はドライサーの代表作で、映画化もされ、ちょうどこのころに『陽のあたる場所』というタイトルで二度目の映画化が進んでおり、モンゴメリー・クリフト、エリザベス・テイラー主演で、公開されたら大ヒット間違いなしと思われていた。映画のアメリカ公開は、その翌年の二六年、日本での公開が二七年ですか、そのころです。

そこに創立したばかりの東販が目をつけた。日販系の書店に取引を拡大させる本としてです。早川書房と話しあい、委託を東販に絞らせました。

早川書房は、映画の題名と同じ『陽のあたる場所』というタイトルに変えて大部数、一〇万部内外刷ったとも聞いています。東販は、書店に働きかけるだけでなく、自社の雑誌ルートのすべての店、文具店やおもちゃ屋、今でいえばコンビニのようなところにまで配本したそうです。

まさに雑誌を配本する感覚です。結果的に返本の山となり、そのため早川書房は経営がいき詰まりました。それで早川清は、義弟の桜井光雄を発行人とせざるを得なくなったのです。また、東販も常務が引責して一時解任されるという大きな事件となった。昭和二七年の初めのことです。

私が早川書房に入社できたのは、この事件があって一般書の編集者が不在だったからです。その時点では、私はそれらのいきさつをまったく知りませんでした。

演劇文芸の出版社であった早川書房が、翻訳出版社に舵を切ったのは、おそらく編集部に伊藤尚志が入ったせいだと思われます。自身もヴィッキイ・バウムの『グランド・ホテル』の翻訳を早川書房から昭和二五年に出しています。

『アメリカの悲劇』のほか何点かの海外文学を出し、二六年からは「世界傑作探偵小説シリーズ」と銘打って、アガサ・クリスティーやグレアム・グリーンの作品を一〇点ほど、田村隆一や中桐雅夫、北村太郎、二宮佳景（鮎川信夫）、堀田善衛の訳で刊行します。企画自体はよかったのですが、あまり売れなかった。このころは海外ミステリーは一部の知識人だけが好み、日本に根付いていませんでしたから、失敗したのでしょう。

実はこの伊藤尚志という人、訳者にだれを使ったか、堀田善衛を除いてその名前でわかるように、詩人グループ［荒地］のまとめ役で、『荒地詩集』第一集も在社中に出しています。［荒地］というのは鮎川信夫を中心とし、以上のほか黒田三郎、三好豊一郎、木原孝一、疋田寛吉、加島祥造といった若手詩人たちのグループです。

伊藤尚志は、『陽のあたる場所』が大惨敗したときに早川書房を辞めて、その年の二七年に荒地出版社を起こします。ブレーンは鮎川信夫です。『荒地詩集』の続刊から始め、もっぱら翻訳出版を手掛け、のちには現代アメリカ文学全集まで出版する。彼の名は忘れられていますが、伊藤尚志は先駆的翻訳出版編集者でした。

伊藤尚志の後任には、やはり［荒地］の詩人高橋宗近がいっときという約束で担ったのですが、私が入社して働きだすと、まもなく辞めていきました。その［荒地］と早川書房の関係が、私の入社にも関係してくるのです。

「近代文学」同人との出会い

時間的にはだいぶ戻ります。私は昭和二〇年八月の末、満一六歳で海軍航空隊から復員しますが、大義に殉じるとして予科練に入った軍国少年、元の学校に戻るのは嫌でした。しばらく呆然としていました。すると復員時、家族の居場所が不明なため、泊めてもらった予科練同期から耳よりの話を聞きました。文部省は復員学徒のために大学・高校・大学予科・高専（すべて旧制）に転入学できる門を開いたというのです。彼は旧制中野中学（現明治大学付属中野高校）出身だから明治大学予科にいく。いっしょに行かないかと誘われるまま、その秋、簡単なテストで一年に編入学しました。

学費は復員学徒の退職金で払いましたが、この復員ボケといってよい無思慮な行動は、戦災で逃げ回るなか結核をこじらせて栄養失調になり、その年の一一月に死んだ病床の長姉に怒られました。わが家には進学させる余裕はないと。たしかに二回も空襲で焼け出され、逃げた長野市で強制疎開にあったわが家は極貧の状態だった。凄まじいインフレに、封鎖された旧円まですぐ底をついたほどです。

学費は始めた新聞配達で充分でしたが、家を支えてきた長姉がいなくなった以上、一七歳の私が家族を養わなければならなくなった。早朝の新聞配達に加えて、昼は宝くじ売り子、東宝映画のエキストラ、土建屋の事務、生命保険の外交員など、口があり次第、働きました。授業を受けるのはその合間です。それに価値観の大転換のとき、私には何もかもウソっぽく、語学の授業以外、身を入れて学ぼうとしなかったといえるかもしれません。

そうしたら三年の二学期の末、『共産党宣言』の原書輪読会でチューター役を引き受けた、予科のドイツ語講師の平田次三郎に拾われて、というか引っ張られ、近代文学社で働くようになった。

雑誌「近代文学」は、それまでは本郷にあった八雲書店が製作費を負担して出ていた同人誌でした。それが河出書房から資金を得て、株式会社ではないが、雑誌も単行本も出す出版社、近代文学社に変わった。販売は河出書房。私が入ったのは、その時点です。

同人もそれより半年前から本多秋五、平野謙、埴谷雄高、荒正人、佐々木基一、山室静の旧同人に加えて、野間宏、花田清輝、久保田正文、大西巨人、マチネ・ポエティクのうち中村真一郎、福永武彦、加藤周一、それに平田さんが新同人になった。その「近代文学」の再出発にあたって、平田さんに編集長のお鉢が回ってきたというわけです。

私は平田さんに連れられて、地下鉄の銀座から築地四丁目の築地ビルまで歩いて行きました。昭和二三年の冬です。そのビルの一階にあった新経済社の奥の一室が近代文学社でした。新経済社社長の宮内勇は、埴谷雄高の戦前の共産党非合法時代の友人で、その縁で借りられたと聞きました。

近代文学社は、六畳ぐらいの広さをさらに衝立で仕切をして事務室と会議室に分けていました。寒いさなかでしたが火の気もなく、みんな外套を着たまま。そんな狭いところに多いときは旧同人六人のほかに平田さん、事務員の藤崎けい子さん、それにアルバイトの東大の西洋史科の学生清水一郎に私が集まるのです。ごった返すほど狭い。しかし、寒さを感じないほどの熱気があった。

私も最初は、清水さんと同じくアルバイトでそれぞれ週三回の出社。この清水さん、なかなかの人だった。もっぱら荒正人が使ったんですが、用をいいつけられるとおもむろにキセルを出し、きざみ煙草をつめて一服。それから出かけるので荒さんがイライラする。清水さん、卒業して毎日新聞社に入り、美智子妃の婚約をスクープしました。

私は週の残りは前年暮れから平田さんの家に通い、そこで使い走り。その分の給料は、平田さんが払ってくれました。これから見ても、平田さんは、私の貧乏さ加減を見かねて使ってくれたのでしょうね。三、四ヵ月すると藤崎さんが辞めたので、フル勤務になりました。

この築地時代のいちばんの思い出は、六月に開いた文化講演会。いってみれば、近代文学社の旗あげ公演です。そのころ副編集長として迎えられた原通久に、この人は次の同人拡大で「近代文学」同人になりましたが、私は演者のひとり、共産党中央委員の神山茂夫をタクシーで迎えに行かせられました。

敗戦後はタクシーに乗ったこともなかったし、そのころは拾うのがたいへん。三原橋あたりでやっと見つけて、代々木の共産党本部へ。神山茂夫を待っていると徳田球一が出てきた。彼が「近代主義者はタクシーで迎えに来られるのか。金持ちだな」といって専用車に乗り込んで行ったのだけ、覚えています。

東大の法学部31番教室で行われた講演会は、午後から雨に変わったが、満員の盛況、当時の「近代文学」に期待を寄せた若者の熱気に包まれたものでしたが、あの雰囲気や一部の学生が神山茂夫の講演を妨害しようとしたことなど、そういった時代があったということでしょう。

喋ったのは、荒正人、神山茂夫のほか、椎名麟三、花田清輝、野間宏、高桑純夫、中村真一郎。私は高桑純夫には頼みに行かせられた。企画者は荒正人で、彼の当時のエネルギーがこの企画を成功させたのだと思います。

その年の夏、近代文学社は神保町一の三に引っ越しする。場所は、武田泰淳の奥さんの百合子伝説の「らんぼう」の隣です。といっても一坪余の狭い一室、「らんぼう」の経営者でその二階の出版社、昭森社の社長森谷均所有の元画廊でした。

実は平田次三郎、昭森社の『思潮』の編集長も兼ねていた。そちらの方は旧制都立高校後輩の東大生、武井昭夫や湯池朝雄をアルバイトとして使っていたようです。ここであれば移動の手間が省けるし、当時駿河台にあったスポンサーの河出書房と近い。会議は昭森社の部屋を利用できる。それで森谷均に無理に頼み込み、確保したのです。

神保町に移った年は、大忙しでした。雑誌のほかに、単行本も出しました。荒正人の『戦後』、野間宏の『作品集』、平田さんの『夏目漱石』。翌年には本多秋五の『小林秀雄論』。また二四年四月から六月まで毎週土曜日の午後、東大法文経22番教室で、「近代日本文学講座」を開いた。教室を借りられたのは、東大の新人会が共催者になってくれたからです。当時の新人会のリーダーは、共産党中央に反旗を翻した渡邉恒雄、氏家齊一郎。私は、毎週、教室使用許可書のようなものをもらうため渡邉さんか氏家さんに会いに行きました。ふたりはたいへん気さくに対応してくれたものです。

メインのスピーカーは、「近代文学」の旧同人に加えて、福田恆存、中村光夫、伊藤整などで、いつも教室は満員。そのほかに第二次拡大で「近代文学」同人になった人が「文学雑感」を三〇分ほど喋った。

その「文学雑感」でいちばん印象に残ったのは、原爆の詩や小説『夏の花』を書いた原民喜のスピーチ。原さんは人に聞いて、四百字詰め原稿用紙一枚で一分というので三〇枚書いてきたといわれた。ところがなんと、原さんは棒読みしたので一〇分そこそこで終わってしまったのには参りました。

そんなこんなであまりにも忙しい。それで、原通久の後任副編集長本多清の許可を貰って、予科の友人で商学部に進んだ坂井利夫にアルバイトに来てもらいました。坂井は在学中、公認会計士の試験に受かり、のちにソニーに入って専務、常勤監査役になりますが、文学青年でもあったのです。

本多清も前任の原通久も、荒正人や佐々木基一と同じ旧制山口高校の出身です。平田さんと武井昭夫、湯池朝雄の関係を見ても、当時の旧制高校のつながりが文学や出版の世界にまで及んでいたことがわかります。

昭和二四年に入ると、いよいよ取次の日配の解散の影響が出る。GHQの意向をいち早くキャッチしてそれ相応の対策をしていた日本自由出版協会と違い、日本出版協会に残った出版社は日配解散後の対策に出遅れます。

典型的なのは、社長が日本出版協会の会長を務めていた日本評論社がまもなく倒産し、新社になったことです。河出書房も日本出版協会の有力メンバーでした。その年の秋、近代文学社は、いっとき河出書房からモラトリアムを宣言されてしまう。毎月の資金支払いの一時停止です。

雑誌や単行本が思ったより売れていない、資金援助に見合わないということでしたが、おそらく日配の解散に河出書房も余裕をなくしたのでしょう。

その結果、私と坂井は、河出書房のカタログと野間宏の紹介状を持って、調布や府中の工場の労組事務所を歩きまわりました。なんとそのとき注文を取った本の売上げが、自分たちの給料になった。現物給与です。

その時期はほんのいっときで、平田さんは、当時「文芸」の編集長の杉森久英、のちに島田清次郎の伝記小説『天才と狂人の間』で直木賞を取った人ですが、彼と交渉して事務所費は何とかひねり出したようです。しかし、原稿料は払えなくなりました。それからは、企画は旧同人と平田さんがするが、依頼も原稿集めも、ほとんどこちらにやらせる。原稿料なしで書かせることがいかに難しいか、私たちはへとへとになりました。

坂井は、「文学は男子一生の仕事に非ず」として辞めていきました。私とて身の丈以上の仕事をしている、言葉を変えれば身の丈にあまる仕事をさせられていると思った。ただ私が辞められなかったのは、平田さんが旧同人と河出書房との間の調整や資金繰りで疲れ、原稿が書けなくなるほど消耗してしまっていたからです。しかし、おかげでタダの原稿を書いてくれる、多くの若手執筆者と知り合うことができました。私が近代文学社を辞めたのは、昭和二五年の五月です。

親身になってくれた三人

近代文学社で働いていた時代に知り合った人たちが、のちに早川時代を含めて私を助けてくれます。加島祥造とか遠藤周作とか斎藤正直。考えてみると、平田次三郎や、荒正人を別にすると、近代文学社を辞めたあと、私が親しくつきあったのは、「近代文学」の周辺の人たちばかりですね。

遠藤周作とは、佐々木基一にいわれて会いに行ったのが最初です。昭和二五年の五月に彼はフランスに留学しますが、出発する前の前の晩、のちに青山学院女子短期大学の学長になる島崎通夫の家での私的な送別会に誘われました。

私はそのとき、ひどく酔っぱらって転倒して頭を打ち、近くの元軍医だという病院に担ぎ込まれたのですが、頭から血を流した私を見て、遠藤さんは「宮田が死んだ、宮田が死んだ」と大騒ぎしたそうです。

翌日、つまり彼がフランスへ旅立つ前の日に、私の家に見舞いに来てくれた。ただ運び込まれたところが産婦人科の病院。抜糸のときは、妊婦ばかりのところにいなければならなかったので、恥ずかしい思いをしましたね。

遠藤周作が帰国したあと、私は彼の最初の著書と二番目の著書を、早川書房から出すことになります。『フランスの大学生』『カトリック作家の問題』がそうです。

加島祥造は「荒地」の詩人ですが、「近代文学」が「荒地詩集」を掲載することになったときに、その窓口になったのが彼で、当時彼が入院していた昭和医大病院に訪ねて行って、それ以来たいへん親しくなった。

のちに明治大学学長になる斎藤正直は、「近代文学」の同人ですが、山本健吉、中村光夫、吉田健一らと同じく「批評」の創立同人で、やはり離れた存在でした。彼がスタンダール論を書いたときに、初校だけでなく、再校をまたまた真っ赤にしてきた。スポンサーの河出書房が問題にして、事務方の私が責められ、たいへん苦労しました。そんなことがあって、葉山の斎藤さんの家に訪ねるまでになったのです。

この三人には、私は近代文学社を辞めることについての相談をしました。

近代文学社を二五年の五月に退職したきっかけは、前にお話しした「近代日本文学講座」に絡むある事件があったからです。昭和二四年六月の講師のひとり、近代文学同人の評論家が、その日に来なかった。彼にいわせれば、雑誌「近代文学」には予告が載っていたが、私からの手紙が届いたのが講座の前の日、もともと喋るのに抵抗があったので、当日の朝「カタルコトナシ、ユカヌ」という電報を打ったという。

しかし、そもそも依頼したのは同人のだれかで、私はほかの講師にもしたように確認の手紙を出しただけ。しかも当日の電報なんて、事務所にだれもいないのですから、受け取れるわけがない。

私はこれに対して「批評家・詩人である前にまず常識ある社会人であれ、公会と私会の別を混同するな」という趣旨の手紙を書いたらしい。顧みて当時の私がいかに世間知らず、恐れ知らずの若ものであったかを示すものです。彼は怒って「近代文学」の同人を辞めるといい出した。周りは私に冷たかったですね。仕方なく私は彼の自宅まで謝りに行き、彼は同人を辞めることは撤回した。ところが秋になって、彼はこの間の事情を書いた小文を寄稿してきました。私の抗議文の要旨を紹介し、「文学者にとって、公私の区別はない、公人である前に私人であること、私人であることに徹することが文学者に必要」と。

彼の見開きの小文は、その年の一二月に発行された「近代文学」翌年一月号に載った。

私はつくづく自他ともに嫌になって、そのとき辞める決心をしたのです。

平田次三郎は消耗激しく、副編集長の本多清は辞任してしまう。その一方、タダでもいいから載せてくれという原稿は集まってくるし、ボランティアでいいからなにか手伝わせてくれといって文学青年たちも次々に来る。もう私がいなくてもいいんじゃないかとも考えました。それに敗戦後、無理な働きをつづけてきたせいでしょう、体調も崩していた。医者に診てもらったら軽い肺湿潤、影があるといわれ、それも辞めることを決意する理由でした。

実はこの前の年の昭和二四年の夏から、私は東京都生業資金三万円を借りて、世田谷通りで貸本屋を始めていました。副編集長の本多清の勧めです。彼は東大の独文をでていて、小説も「近代文学」に一篇発表していましたが、ユニークな人で、近代文学社を辞めて中野で焼酎ホール、居酒屋を始めました。のちにダイヤモンド社に入り、社史『七五年史』を完成する。

この辺のことは私の著書、『図書館に通う』に詳しく書きましたが、目を患っていた次姉も回復してきたし、心臓病の母も店番くらいならできるからと、内職のつもりで始めた貸本屋だったのですが、これでカツカツ食べていけるようになっていた。

それで三月に辞めると伝えて、五月に退職しました。荒正人が呼びかけ人になって、退職金代わりにカンパして結構な額を集めてくれました。

また相談した加島祥造は、最所フミさんから依頼された下訳を分けてくれた。改造社から出た『新しい女性美　肉体的魅力とあなたのホルモン』です。この下訳には、翻訳家志望の福島正実も加えてもらった。私たちは、医学用語が多いので苦労しました。福島とふたりで、自宅近くの若い医者に教えを乞いに通ったものです。

でき上がった加島、福島、私の下訳をチェックしたのは北村太郎、そのとき岩波書店に入るのをやめて、彼らしく朝日新聞の校閲部を選んで就職したばかりのころでした。最所さんは印税をすべて私たちに回してくれたので、たいへん助かったものです。

のちにSFの鬼といわれた福島正実とは、「近代文学」でいっしょに働いた坂井利夫に誘われて加わった同人誌で知り合いになった。福島は日大予科から英文科に進みながら、その時点、私と同じ新制明大仏文科に編入していました。

新制明大仏文科に私が進んだのは、斎藤正直のおかげです。「近代文学」を辞める決心をした私は、旧制東大経済学部の試験を受けた。旧制東大最後の入試というので、旧制高校浪人や陸軍士官学校、海軍兵学校を卒業した優秀な連中が競争相手のうえたいへんな倍率、ろくに受験勉強をしていない私が受かるはずがありません。もちろん落ちました。

近代文学社を辞めることを相談したとき、斎藤さんは新制明大仏文専攻三年生に編入することを勧めてくれた。それればかりか、私立大学へいくのは経済的に不可能だという私に奨学金を出す手続きまでしてくれたのです。

だから退職後は、しばらくは、この貸本屋をしながら加島さんからもらった下訳などをやり、明治の授業を受けた。まもなく、母の心臓弁膜症の発作が激しくなり、そのたびに医者からもらったカンフルを打ったり、医療費に追われるようになった。そのころは、国民皆保険ではなく、医療費を全額支払わなければならなかったので、貧乏人はたいへんです。親戚が築地の場外でやっていた佃煮問屋へ行って早朝六時から働きもした。

そんなこんなで明治の授業を受けたのは、三年のほんのちょっと、そのうち母が入院したので、せっかくの斎藤さんの好意を活かすことなく、果ては一〇日ごとの入院費支払いにせっぱつまって、授業料に回さなければいけなかった奨学金にまで手を出す始末。それで大学へは行けなくなったのです。

徒弟修業を積んだ南雲堂

話は戻りますが、「近代文学」での鮮烈な思い出というと、野間宏の原稿紛失事件と、安部公房の「壁」の掲載でしょうか。

野間宏の連載「ポール・ヴァレリー論」の第三回目か四回目の原稿が、事務所の机の上からなくなってしまった事件。事務所は神保町の裏通りに面した狭い部屋、ドアを開ければ机です。ちょっとトイレに行ったすきに、その原稿が消えてなくなったのです。いくら探しても出てこない。

だれかが持って行ったのでしょうが、私は青くなって本郷真砂町の野間宏の家に飛んで行きました。原稿用紙二〇枚くらいのものですが、原稿をなくすというのはたいへんなことですから、必死の思いで報告して謝りました。

そうしたら野間宏は表情を少しも変えず、声ひとつ荒立てることなく、「いや、宮田君、そんなに心配することはない、書いたことは頭の中に全部入っている。明日、届けるよ」といってくれた。原稿料ナシの原稿でそういってくれたのです。しかも彼は、それをだれにも洩らさなかった。

安部公房がのちに芥川賞を受賞する『壁―S・カルマ氏の犯罪』にも強い思い出があります。辞めるちょっと前、安部さんはその原稿を抱えて神保町をふらふら歩いていた。聞けば二百枚以上もあるこの大作、「人間」「群像」「新潮」など文芸誌にみな掲載を断わられたという。よく聞くと掲載に対する彼の条件は一挙掲載、つまり、これを載せたら他の作品のいくつかがはじき出されてしまう。それも断わられる一因だとすぐわかりました。

読ませてもらった私は、これを載せる可能性があるのは「近代文学」だけだと彼にいった。彼は原稿料を貰えないから嫌だといっていたが、私は平田次三郎に一挙掲載さえOKすれば載せられるといい残しました。結局掲載されたのは昭和二六年二月号で、平田さんは、それを編集同人の会議に提案したとき、多くの同人に反対されたと零していました。

母親が死んだのは、昭和二六年七月です。肉親喪失の悲しみと、苦役から解放された虚脱感とで、二、三ヵ月、ぼおっとしていた。そこへ父親の事業が失敗したので大学を中退し、日大英文科教授の紹介で英語教材の南雲堂に入ったばかりの福島正実が訪ねてきました。

福島は、「実は、入社のとき出版社でアルバイトをしていたと口を滑らしたものだから往生している。君も南雲堂に入社して助けてくれ」というのです。「象嵌《ぞうがん》て何だ？」とかいいながら。それで、二六年の一一月、南雲堂に入ったわけです。学制が変わってまもなくのときで、続々新設されていた新制大学の教養学部の英語テキストを作りました。

入ってみて福島が往生したのは無理もないと思いました。編集はもちろん、紙の発注から表紙や端物の制作、製本まで何もかもやらされるんです。私の知識など、その過程のほんのわずか、そこで短い期間でしたが、印刷所や製本所の主人たちから、細部にわたって教わった。いや、教わらざるを得なかったのです。それがのちにどれほど役に立ったか、計り知れないものがあった。いってみれば、出版に必要な徒弟修業をここで受けたのです。

南雲堂社長の南雲清太郎は、戦前の大取次、東京堂出身者で、すごい記憶の持ち主。出版の隅々まで知悉していて、この人からも多くのことを学んだ。一方、彼も私を頼りにしてくれました。だが私には、息子の専務の下職に対する厳しさが、虐めに近いものがあるのが我慢できなかった。それでしきりに息子と衝突するようになり、社長の慰留を振り切って辞めました。結局、七ヵ月しか勤めなかった。

辞めて仕事を探していたら、荒正人が、彼はなかなか親切な人ですから、河出書房を紹介してくれた。で、河出に行きましたら、大学をきちんと出ていないからダメだと断られた。荒さんは次に平凡社を紹介してくれたのですが、平凡社では東大文学部の五番以内に入らない奴はいらないと。

そうこうしていると、今度は加島祥造が早川書房を紹介してくれたんですね。加島祥造の兄さんと社長の早川清は、神田の小学校の同級生でした。で、早川書房に行きましたら、早川さんからすぐ来いということになった。それで私は昭和二七年九月、早川書房に入ったんです。

早川書房編集者時代――昭和二〇年代後半

無からの出発

私を早川書房に紹介してくれたのは加島祥造で、彼の兄さんと早川清社長が小学校の同級生だったといいましたが、それだけではなくて、彼はすでに早川書房から翻訳書を二冊刊行していた。ドナルド・リッチイの『現代アメリカ芸術論』とラルフ・G・マーティンの『ネブラスカから来た男』です。また加島さんは、私が入社した半年後には、田村隆一を編集長として推薦して入社させたほど、当時の早川さんが信頼していたようです。

もうひとり、名前を挙げておかなければいけないのが遠藤慎吾。私は早川書房に入って、この人から翻訳出版の手ほどきを受けた。いってみれば私の翻訳出版の師匠です。ドライサーの『アメリカの悲劇』の出版顛末も、占領下の翻訳出版事情も、みなこの人から教わったといってよいと思います。のちに共立女子大の教授になりました。

遠藤慎吾は、戦前新劇運動に関わった人ですが、ヒットラーの演説集を翻訳したり、大政翼賛会かなにかで、戦中、新劇の軍部協力に関わったのが祟って、戦後は逼塞《ひっそく》していたと、あとで知りました。この時期は「悲劇喜劇」の編集長を務め、その一方、グレアム・グリーンの『第三の男』を翻訳して早川から出しています。

私が入社した早川書房は、先にいった『アメリカの悲劇』がまさに返品の山を築き、経営がいき詰まったあとです。実際、昭和二五年には『アメリカの悲劇』を含めて一五点、二六年には「世界傑作探偵小説シリーズ」など三四点刊行したのに、私の入社した二七年には一四点に減っています。

私は入社早々毎日毎日、『アメリカの悲劇』やミステリーシリーズの売れ残り本などを断裁に回す仕事をやらされた。あとで聞くと出版社が次々に潰れたこの当時、売れ残り本を断裁したり、ゾッキ本といわれた通常の流通ルートから外れた商品にしたり、引き取って密かに保存しておき再出発しようとする元の出版社に買い戻させたりする商売が盛んだったようです。

いちばん先にやらされた本は、当時「光は新宿より」というキャッチフレーズで、新宿西口で日本初の闇市を始めたテキヤの大親分、尾津喜之助の話を「東京新聞」記者の日色恵がまとめた、進行中の『新やくざ物語』。

日色恵は女優の日色ともゑのお父さんです。彼のまとめた原稿を尾津親分のところに届けに行くと、姐さんや元上野警察署長などの子分たちがずらっと並んでいるなかで、親分から「よし、見ておく」といわれ、次に行くと「日色さんがやったものだ。あの原稿はあのままでいい。だが、この一篇を付け加えてくれ」といわれて獄中記「小菅のタンポポ」とかいう原稿を渡されました。

ほかに進行中のものは、大宅壮一編集の正力松太郎著『悪戦苦闘』、レイモン・ラディゲ著で新庄嘉章訳の『肉体の悪魔』とそれに演劇関係の本一、二点だけです。ほとんど無からの出発でした。

ともかく経営のいき詰まった早川書房としては、出版不況のさなか多くの社と同様、下職に払った支払手形が不渡りにならないよう必死でした。早川書房の場合出版物を納入すれば、日販、東販からその六割分の手形がもらえる。その手形を割って、支払手形の期日に間に合わせる。だから今月三冊新刊を出したら、次の月は五冊出すという具合に、製作部数を増やすしかない。

早川清社長は私を呼び出し、引き出しから発行した手形の表を見せ、これを落とすためには、何ヵ月先はこれだけの発行部数が必要だと計算して、出版企画を練らせたものです。

いわゆる自転車操業です。

これは、田村隆一が入社した後も、早川社長と私のふたりでつづけました。まさに「悪戦苦闘」の日々でしたが、二五歳の私をよくぞ使ってくれたし、私も働いたと思います。いろいろいわれたけど、早川さんは懐の深い、魅力ある人だったのでしょう。

翻訳出版としては、まずグレアム・グリーンの場合、すでに映画化作品として『第三の男』『落ちた偶像』、ミステリーとして『密使』『拳銃売ります』を刊行している。それらを使って「グレアム・グリーン選集」としてまとめることにしました。まずグリーンの処女作『内なる私』の訳を、平田次三郎の友人で近代文学社に勤めて間もなくの一時期、私に英語を教えてくれ、のちに中央大学文学部長になった瀬尾裕に頼みました。

ついで『スタンブール特急』の訳を北村太郎、『恐怖省』の訳を「近代文学」で親しくなった小津次郎と瀬尾裕に紹介された野崎孝、『二十一の短篇』の訳をまた瀬尾さんに頼み、彼が青木雄造を共訳者にした。全七巻、私が辞めたあと、最後の一巻が刊行されて完結します。

それと経営の安定化のために、文庫本のような出版物を出したかった。ところが当時の早川書房の営業力、資力では、とても出せません。そこで私は豪華な厚表紙の文庫本を考えた。ハードカバーの文庫本ですね。これであったら大量に刷らなくても済むし、値段もそこそこに高くできる。

［ウェルテル文庫］と名付け、田園調布に住んでいた洋画家の岡鹿之助に頼んでいい装丁をこしらえてもらいました。表紙をめくると綺麗な絵が描かれ、贈呈相手の名を書きこむための上質紙のページがある、という造本を考えました。

中身としては、翻訳者が自分で訳して手元に持っているけれど、出版事情が悪くて外に出せないでいた作品、那須辰造訳のアラン・フルニエ『モーヌの大将』とか、山室静訳のクヌート・ハムスン『みじかい北国の夏に』とか、宇多五郎訳のゲーテ『若きウェルテルの悩み』とかがあるのを知っていましたから、それらをラインナップさせてもらい、そこにマンスフィールドの『入り江にて』を野崎孝に初めて翻訳に手を染めさせる形で頼んだりして六点、一気に出しました。

そうしたら早川書房は金がないものだから、製作部に材料をケチられてしまった。豪華な本を創るべきなのに、紙も悪ければ色も悪い、四色使うところを二色や三色で済ませてしまうような本ができ上がったのを見て、がっかりしてしまいました。これでは厚表紙の文庫本を出す意味がない。あとで岡鹿之助のところへ謝りに行きました。

評論の発表の場を作る試み

その一方で、それまでの演劇中心だった早川書房の出版物を、評論へと軸を移すことを考えました。近代文学社時代にいろいろな評論家と知り合ったけれども、かつては評論を載せていた文芸誌は、この時期には「群像」も「新潮」も小説に偏っていて、評論はあまり載せなくなっていた。載せても四百字詰め三〇枚かせいぜい四〇枚。「近代文学」は昔は原稿料を払っていたのだけれど、この当時は払わなくなっていた。

だから評論家はお金が入らなくなり、まとまった分量の作品を発表できなくなっていたのです。だったら彼らに声をかけて百枚を書きおろしで書いてもらい、百ページくらいの薄い本だが、紙は上質の厚手のものにして一冊百円にする。それを三千部刷れば、著者には、一〇%の印税、三万円が入ります。

文芸雑誌の原稿料は一枚五百円以上でしたが、なかなか長い評論を書かせてもらえないときです。評論家にとって悪い話ではないのではないか。なによりも当時求められた評論の発表の場を提供して、読者の要望に応えられる企画だと思いました。

この企画は「現代芸術選書」と名付けました。のちに東大の名誉教授になる小津次郎に第一弾『エリオットの詩劇』を頼むと同時に、企画の相談相手になってもらいました。加藤道夫の『ジロゥドゥの世界』、中桐雅夫の『危機の詩人』、今村太平の『イタリア映画』、山下肇の『カフカの世界』など、この年に八点、翌二四年に二点出しました。

遠藤周作の二冊目の著書『カトリック作家の問題』もこのシリーズの一冊です。ちなみに彼の一冊目の本、彼がフランスから「群像」に寄稿していた文章をまとめた『フランスの大学生』は、それより先の二八年に出しました。

ところが［現代芸術選書］の最初の巻ができて、早川清の代わりに社長をやっていた桜井光雄がこれを日販に持って行ったら、こんな難しいタイトルの本は売れないから取らないといわれたというのです。仕方がないから当時の新橋、虎ノ門周辺の書店を一〇軒ほど、自分で本を持って回りました。一軒一軒、選書の説明をして、置いてくれと頭を下げて頼みながら委託の注文を取ったのです。

書店主が若造の編集者の言葉を熱心に聞いてくれる良い時代だったのでしょう。百数十部の委託注文が集まった。新橋辺りだけでそれほど注文があるので、日販はやむなく千部ぐらい引き受けることになって捌けたのです。三千部を売り切って、千部か二千部増刷したものもありましたし、加藤道夫の『ジロゥドゥの世界』は、彼の遺作となって、のちに賞を取りました。

余談ですが、名作『なよたけ』の作者で女優、加藤治子の旦那さんである加藤道夫とは、私の家の隣が風呂屋ということもあって、「近代文学」を辞めたあと三時の店開きに行くと、よく会いました。当時は自家風呂が焚けないから、銭湯です。彼はこの年二八年の暮れに自殺してしまいました。

シリーズとして一五点くらい企画し、一〇点ほどは実現させました。原田義人や小川和夫の原稿は取りましたが、残念ながら矢内原伊作の『不条理の文学』、佐々木基一の『ルカーチの文学』、野上素一の『イタリアの戦後文学』の原稿はついに取れなかった。矢内原伊作は、わざわざ上京して書けないことを謝りに来てくれました。

昭和二八年が明けて早々、チャールズ・E・タトル商会が著作権仲介の仕事を始めるという広告が業界紙に出ました。ここから私は翻訳権の世界に深入りしていくことになります。

「ポケット・ミステリ」の誕生

昭和二七年四月に連合国との講和条約が発効して占領時代は終わりますが、翻訳出版に関しては、占領中から引きつづいて、アメリカの放送会社、NBC特派員ジョージ・トーマス・フォルスターが米英の主だった著作物の仲介をしていました。

占領下、彼の仲介によるチャーチルの『第二次大戦回顧録』（毎日新聞社）の印税率が三五％、ヘミングウェイの『誰がために鐘は鳴る』（日比谷出版社）が二〇％です。その上、日本の出版社には刷り部数印税を払わせておきながら、本国の権利者には実売部数印税を送金していました。

それだけでなく、契約時に払う前払金、アドヴァンスも彼がアメリカの権利者に払う額と、日本の出版社に求める額とは大きな差がありました。占領下大騒ぎして出版されたキンゼイ・リポート、『人間に於ける男性の性行為』は、私がタトルに入ってその女性編の契約で知ったのですが、フォルスターは百ドルで契約し、彼とコスモポリタン社との契約では、千ドルで再契約をしています。

極端な例だと思いますが、それでも日本側は、占領下のこと、それを受け入れていた。むしろ、面倒な手続きをしなくて済むし、しかも金さえ出せば取れるというので、積極的に利用していた。それは講和条約後もつづいていたのです。

フォルスター事務所は、最近、建て替えられた日比谷の日活国際会館にありました。そこへは、何回となく当時の責任者桜井光雄といっしょに足を運んだものです。そこでフォルスターの秘書立会いのもと、G・T・F・というゴム印を検印紙に押し、引き換えに印税を支払う。ところが以前の未払い印税があるので、桜井さんがゴム印を押すかたわらで、私が言い訳役をしなければならなかったのです。嫌でしたねえ、とても屈辱的でした。

どうしてそうなったのか。まず占領下では当初、日本人は海外に送金も、手紙もいっさい送れませんでした。またGHQが、検閲とともに文化統制の一環として、原書の発行後一〇年以内に翻訳出版しなければ権利が消滅すると定めた旧著作権法の「翻訳権一〇年留保」で出版できたものも、無条約の国のものも、著者の死後五〇年間は無条件に翻訳権はあるとしたカスミ網をかけ、それらを著作権侵害とする覚書を出して差し止めた。

いわゆる超法規の「五〇年フィクション」です。それで著作権があるとされたものは、GHQが日本の民主化に役立つと判断したもののみ出版が許された。また英語以外の言語のものはGHQに英文翻訳を出さなければならなくなり、ソ連の本はそれで翻訳できなくなりました。検閲は知られていますが、このことを知る人は少ないでしょう。

それもあって、GHQ公認の外国人エージェントを通して権利を取らざるをえなかったし、対等の交渉ができなかった。それが講和条約後もつづいていた。翻訳出版を手掛ける小さな出版社は、みな泣いたものです。

それで、チャールズ・E・タトル商会が著作権仲介の仕事を始めるという広告を日本読書新聞で見たとき、すぐ行ってみようということになったのです。そのころ、シュテファン・ツヴァイクの遺作『バルザック』が刊行されたというニュースが入ってきていて、タトル商会で翻訳権を取ることができるかどうか試してみようと。それで遠藤慎吾とふたりで狸穴のタトル商会を訪れました。

タトル商会では、のちに三島由紀夫の『潮騒』を翻訳するメレディス・ウェザビー出版部長が版権部の部長を兼ねていました。このテキサス男はたいへん頑固で、当初は苦労した。助かったのは、版権部の実質責任者の片平要一郎が、私たちの翻訳出版事情を率直に聞いてくれたことです。

彼は戦前、ロスアンジェルスで長年、邦人向け書店を営んでいた人でしたが、日本の出版事情には疎かった。で、始めたばかりの版権業務を軌道に乗せるため、耳を傾けてくれたのでしょう。適正な印税、前払金の申し込みをウェザビーに納得させました。

ちなみに『バルザック』は、申込時の条件、六%の印税、五〇ドルの前払金で契約できた。ただ膨大な長編である上に、翻訳者の水野亮のドイツ語共訳者の翻訳が遅れたため、私が早川書房を辞めたあと、昭和三四年に刊行されました。私が契約した最初の翻訳書です。

ミッキー・スピレインの『大いなる殺人』『裁くのは俺だ』は、その初のタトル訪問時、片平が薦めてきた本のなかにあったのです。このマイク・ハマー・シリーズで知られるハードボイルド・ミステリーは、「近代文学」の最年少の同人、中田耕治からもすでに薦められていた。しかし、江戸川乱歩が通俗ハードボイルドだと「宝石」で酷評していた。この書評は、乱歩ではなく翻訳者で海外ミステリー通の宇野利泰が書いたものでしたが、乱歩の評価を崩すのはたいへんでした。

結局、早川清の友人、清水俊二に持ち込み、彼が翻訳を引き受けるというので、早川清も了解した。『大いなる殺人』が清水俊二訳、『裁くのは俺だ』が中田耕治訳となったのは、そのためです。そして、それが「ポケット・ミステリ」（以下「ポケミス」）誕生のきっかけになったのです。

そこには文芸評論家瀬沼茂樹のアドバイスがあった。早川に入って、まず挨拶に行ったのは、「近代文学」時代に知り合った瀬沼でした。瀬沼は、出版史に詳しい人でした。彼の話から、いろいろな企画のヒントを得たものです。

瀬沼茂樹は、早川が昭和二六年に出した「世界傑作探偵小説シリーズ」が失敗したのは、ハードカバーで出したせいだ。もっと手軽に読める形で出せばよかったのではないか、と。

事実それまで海外ミステリーを手掛けて失敗した新樹社（ブラック選書）も雄鶏社（おんどりミステリーズ）も、みな一般の文芸書の判型で出していた。では文庫本で出せるかというと、そのころは探偵小説といっていた時代で、海外ミステリーの読者層が薄く、それだけの需要がないし、小出版社はなかなか手を出せない。

編集会議では、この瀬沼茂樹のアドバイスを生かして、ミッキー・スピレインの『大いなる殺人』を第一弾に、過去に出した作品の再刊も含めて、軽装判の新しいミステリーシリーズを始めることを決めた。そして過去のシリーズで三冊もアガサ・クリスティーを翻訳した田村隆一を編集長に迎えたものの、どういう形の本にしたらいいのか、なかなか決められなかった。

そのときに役立ったのが、私の南雲堂時代の経験でした。当時南雲堂で出していた英語の対訳本フェニックス・ライブラリーは、B6判でも新書判でもなく、変形判でした。B6判は、B判一枚を4×8の三二ページの判付をする。フェニックス・ライブラリーは、それに横一列四ページ分を増やす。印刷所の主人は巻きをひとつ入れるといっていたが、4×9で三六ページとなり、四ページ分は断裁して三二ページ分と併せて製本する。B6より小さく新書より大きい。

表紙はのちに勝呂忠の抽象画になりましたが、当初は永田力に内容に即した絵を描かせた。これだと限りなくアメリカのペイパーバックスに近づく。これで決まりました。

幸いなことに［ポケミス］を出すころ、アメリカでのマイク・ハマー・シリーズの評判が新聞で報じられ、例のとおり翻訳権取得合戦が起きました。早川書房はそれには加わらずパスしましたが、話題になったお陰で『大いなる殺人』と『裁くのは俺だ』の二冊はよく売れ、［ポケミス］を世に知らしめる役割を果たしてくれたと思います。

意外な転職の勧め

私は［ポケミス］の企画には参加したけれど、シリーズに入る作品で手掛けたのはこの二冊だけです。あとは編集長の田村隆一が江戸川乱歩や植草甚一と相談して作品を選び、新訳させたり、過去に出した作品や「宝石」に発表されていたものを出し直すかたちで進めました。

田村をサポートしたのは、私が誘って南雲堂から移った福島正実でした。田村が主に外回りし、福島が制作進行を担当した。もっとも、福島は、父親の事業の失敗の後始末のため、一年ほど勤めて辞めました。

シリーズ自体は、スピレインの二冊を除いてそんなに売れたわけではなく、返品が注文で再度出ていくのを繰り返し、さらに点数が増えるにつれ知名度が高まり、初版六千部を着実に売り切るようになった。のちに簡便なケースに入れて書店に出すようになったのは、返品と注文を繰り返すというその売れ方に応じるためでした。

早川清が私に「これでなんとか行けそうだ」と漏らしたのは、昭和二九年の正月だったと思います。それでも、その年いっぱいは自転車操業をつづけなければならなかった。「ポケミス」の新訳が、なかなか出ないからです。

田村隆一は、一見、八方破れのようでいて繊細な人でしたから、印税支払いが約束通りに行われないので、翻訳者にきびしく督促できなかったのです。そういえば田村は、訳者から印税の催促があると、すべて私に振った。いまとなると、彼とのコンビは、社を終えたあとの飲食をも含めて懐かしい思い出です。

自転車操業を主に支えたのは、「ポケット・ブックス」です。ミステリー作品ではなく、日本で公開されるか、された映画化作品を中心に、「ポケミス」と同じ造本で出した。同じサイズなので「ポケミス」の書店の棚を確保する役目も果たしたはずです。「ポケミス」の通し番号は一〇一番から始まったが、「ポケット・ブックス」の方は五〇一番からです。後年「ポケミス」が五〇〇番台に進出したので、この「ポケット・ブックス」の存在自体消えてしまっています。

「ポケット・ブックス」は、映画の封切りや、手形の期日に間に合わせるため、入稿してから一ヵ月で本にしたことなど珍しくありません。『麗しのサブリナ』などは、訳者の清水俊二が協力してくれたので、翻訳を依頼してから三週間で出版できた。

ラインナップには映画絡みの作品だけではなく、かつて他社で翻訳が出たけれど絶版になっているものや、翻訳者から持ち込まれたものも入れた。『シェーン』などは、西部劇小説なのに、二〇万部以上いったのには驚きました。

［ポケット・ブックス］は、『陽のあたる場所』の再刊やロバート・ネイサンの『ジェニーの肖像』、ジェイムズ・ヒルトンの『私たちは孤独ではない』、ジョゼフ・コンラッドの『文化果つるところ』など昭和二八、九年の二年間で一七点二二冊出た。私が辞めるころにはやっと役目を終え、ジョルジュ・シムノンの文学ものを五〇〇番台で出し始めていました。

私が早川書房を退社した事情は、私の『東は東、西は西』に書いたとおりです。昭和二九年の秋から田村隆一に誘われて、英会話を習いに週一回タトル商会版権部の片平要一郎の自宅に通うようになった。あるとき片平が、版権部に人をひとり増やせることになった。宮田さん、だれかいい人を推薦してくれませんか、と尋ねてきた。

なぜ彼が私にそういったかというと、一年ほど前、出版部長ウェザビーから片平を通じて頼まれて、制作のできる人間を紹介していたからです。それがとても役に立っているらしい。で、今度は版権部にということになったんでしょう。ところが、隣にいた田村隆一がとっさに、「片平さん、それは宮田がいいですよ」と。私だけでなく、片平も唖然としたものです。

早川書房はミステリー路線で行く、君はもっとほかで力を出したほうがよいとして勧めたのか、いつもの思いつき先行でいったのか。片平のほうは乗ってきましたが、英語使いでない私は、編集者を辞めることにも、外国人商社に移ることにも抵抗がありました。

ただそのとき、翻訳出版の正常化には、フォルスター事務所の寡占を崩す必要があるという、常日頃の気持ちに火がついたのは確かでした。私がタトルに入ることで、それが可能になりはしないか。また編集者の視点を、翻訳権仲介に活かせはしないかとも考えた。片平のほうも、海外との文通その他には、関わらなくてもよいと、熱心に入社を勧めてきたので決心しました。

それで昭和二九年いっぱいで早川書房を辞め、タトル商会に移った。早川清が亡くなる少し前に会ったとき、「君は五年はいたはずだ」といわれましたが、早川書房時代は、二七年九月から二九年末までの二年四ヵ月です。

チャールズ・E・タトル商会版権部時代——昭和三〇年代

孤立無援のなかで

タトル商会版権部（当時はそういっていた）に転職したのは、昭和三〇年一月です。外人商社、ついこの間まで占領軍であったアメリカ人の会社に、しかも連合国軍最高司令官総司令部民間情報教育局（ＣＩＥ）の陸軍大尉であった社長の下で働くのです。出社のときは、身構えるものがありました。

行ってみると、版権部は、営業部と出版部の境の一隅にあって、机が上司の片平要一郎と私とのふたつしかない。版権部の責任も兼ねていた出版部の部長メレディス・ウェザビーには挨拶に行かされたが、片平は総務らしい人間にも、社員のだれをも紹介しようとしませんせん。社員もよそ見もせず、英文タイプライターを叩きつづけるだけで、その日に加わった新人に興味を抱いた様子もないのです。

それればかりか、外から訪ねて来た人が受付のカウンターから声をかけても、その部屋にいた二十数名のだれひとり立ち上がろうとしない。何回も声をかけられて、手が空いただれかがやむなく応対する。すごいドライな異次元世界に来た気がしましたね。この対応はそのころの外人商社によく見られたものなのでしょう。

そのころというのは、水道橋駅前にあった講道館ビルを借りていたタトル商会の本社と狸穴の出版部が、大曲に建てた二階建ての社屋に合体したばかりのときです。タトル商会は、洋書の輸入、販売が主な商社で、社員もほとんどそちらに従事していて、出版部の一画にあった版権部のことなど、まったく気にもかけなかったのでしょう。

それだけでなく、版権部自体が、そもそもどんな仕事をするのか、よくわかっていなかったのです。わかっていなかったといえば、出版界も同じだったかもしれません。

私は早川書房時代にタトル商会に交渉に行って、「ポケミス」やその他で、印税率六％で契約するという実績を作った。五％で契約したものもあります。あの昭和二〇年代後期、フォルスターの仲介する作品の印税率はほとんどが一〇％から一五％です。タトル商会に行くことで、そういうフォルスターの牙城を崩して、翻訳出版しやすい状況を作りたいし、作れると思ったのですが、それには多くの出版社の協力を得られて当然という甘さがあったことを思い知らされます。

タトル商会に移って、いざ仲介業務に携わってみると、大手の出版社はほとんど協力してくれなかった。それは、フォルスターを憚ったということもあります。あのころ文芸作品の翻訳出版をやっていた出版社は非常に限られていて、新潮社と河出書房、筑摩書房、あとは三笠書房、ダヴィッド社くらい。それに新聞社。みな占領下からずっとフォルスターと契約しているし、海外との結びつきが強いフォルスターを怒らせるわけにいかない。

事実、タトル商会に翻訳権取得の話が来て、権利者に手紙を出すと、「日本でこの作品を扱うのはフォルスターだ」と返事がきて、フォルスターに回ってしまうものが多かった。文芸ものはほとんど、それで苦杯を嘗めました。たとえば当時のベストセラーズで映画にもなった『地上より永遠に』、『ケイン号の叛乱』、『灰色の服を着た男』など、みなフォルスター扱いです。

それればかりか予想はしていたが、当初は孤立無援の感が無きにしも非ずでした。早川書房を辞めるとき、関係のあった著者に挨拶して回ったが、転職を励ましてくれた人はいなかった。逆にせっかく目をかけてやっていたのにその期待を裏切るのか、という口調さえ感じられました。

懇意にしていたある翻訳者でさえ、宮田はエディターからブローカーに変身したといったという、田村隆一からの電話があった。田村は面白そうに喋ったが、ハチャメチャのようでいて、そのようなおもねりの言を吐く人間を許さないところがある人です。彼はそれ以降、早川書房在社中は、その訳者に翻訳を依頼しなかった。見かねた福島正実に頼まれて、私が東京創元社にその翻訳者を売り込まなければならなくなる破目になりました。

そういう時代に、助かったのは早川清の存在でした。早川書房には『アメリカの悲劇』の失敗もあり、フォルスターを通じて申し込みをすれば、売れそうなものは他社に回されてしまう恐れがあった。それで早川さんは、できる限りタトルを通じて翻訳権を取ろうとしてくれました。

タトル商会に申し込んで、フォルスター扱いだとわかったときでも、どうしても契約しなければならないものだけ申し込むという方針を、早川さんは頑固に貫いたのです。当初、それがなかったら、私はほんとうに孤立無援になるところでした。

早川清という人は、加島祥造と同じく神田生まれです。ですからふたりとも江戸っ子です。彼ら下町の商家に生まれたものに共通なのは、義理人情に厚くて男気がある一方、個人主義者で、なにものにもまして家族を大事にする。また宵越しの金は持たないといわれますが、金の使いみちに自他ともにたいへん厳しく、また処世に長じていた。それが粋といわれる場合もあるし、ケチだといわれたりもしたのだと思います。

タトル商会に入ってまもなくその早川清の男気に酬いたのは、私の早川書房在社中からの懸案であったスタインベックの『エデンの東』を、フォルスター扱いを変えさせて、タトルを通じて契約させたことです。私が電話で連絡すると、早川さんは喜んだものです。

次第に早川書房で実績が取れるようになると、今度は東京創元社がミステリーを始めた。東京創元社が［世界推理小説全集］を始めたのは昭和三一年の初めです。

ここもフォルスターには占領下にいろいろ苦いことを経験させられていて、タトルに申し込んできた。クリスティー、カー、クイーンの御三家はフォルスターの扱いですが、これらは翻訳権が消滅している作品がけっこう多い。それを翻訳すれば、フォルスターをあえて使う必要はない。

それもあって、編集者の厚木淳は、やむを得ないものを除いて、私を通じて取ろうとしてくれました。また当初［世界推理小説全集］の監修をした植草甚一の選んだタイトルは、新しいものが多かっただけに、ほとんどタトルで扱えました。

だけれども、この二社はライバルです。私のふたつの社に対した態度は、優先選択権重視のひとことにつきると思います。早く唾をつけた社と契約を進める。二番目に、ある作家の新作を初めて契約した場合には、その次の新作は契約した社に優先選択権を与える。これを機械的に守りました。

これがどのように行われたかは、イアン・フレミングの００７シリーズを見てもらえばわかります。ある作品から先は早川書房、それ以前の作品は東京創元社が出版しています。これは早川がまず００７の新作を契約し、遅れて東京創元社が旧作を契約したためです。東京創元社は、私が早川書房出身者であることを知りながら、まったく疑うことがなく信用してくれた。この二社のバックアップが大きかったと思います。

人と企画をつなぐ

一方、私が力を入れたのは、力を入れざるを得なかったのですが、それはノンフィクションです。米英のフィクションの著者のほとんどは、海外の権利を自分のエージェントに任せ、そのエージェントは、日本での権利を占領時代から付き合いのあるフォルスターにさらに任せました。

ただノンフィクションは、著者のエージェントではなく、版元の出版社が海外の権利を持っていることが多かった。そのうえアメリカの出版社は、ダブルデイ社以外、フォルスターを総代理店にしていなかったから、ノンフィクションの仲介はしやすかったのです。

昭和三〇年、三一年のアメリカでノンフィクションのベストセラーに入り、日本で翻訳されたものは、すべてタトル商会扱いです。ジョン・F・ケネディの『勇気ある人々』、ジョン・ガンサーの『アフリカの内幕』、アン・リンドバーグの『海からの贈物』等々ですが、案外知られていないのはダイヤモンド社に契約してもらった、昭和三〇年のベストセラー、ジョン・A・シンドラーの『365日をどう生きるか』が、そののちにあたえた影響です。

これを出版したのは出版部長の桑名一央です。桑名さんは戦前、日本評論社にいて、戦中の出版弾圧で知られている横浜事件で特高の追跡を受けましたが、敗戦まで逃げきった稀有な編集者でした。ダイヤモンド社の出版部長に迎え入れられてまず手掛けたのは、セールスマン向けの翻訳書でしたが、この本の出版を契機に、ハウツーの自己啓発書の翻訳出版に力を入れだした。

私もこの一連の企画に協力しました。『夫を成功させる法』『1日24時間をどう使うか』『自分を売り込む法』などがそれです。光文社のカッパ・ブックスのハウツーものは、それにヒントを得たといえないことはないでしょう。

そうやってノンフィクションに力を入れる一方、社会科学や専門書関係の出版社のタトル商会利用を促した。それらの本の翻訳状況はどうなっていたかというと、占領下でのGHQの入札やフォルスターの存在などで苦い思いをしていたので、この当時は権利者に直接手紙を書いて、許諾を取るようにしていたのです。

これがタトルを通じても同じ結果であれば、直接交渉する手間が省ける。私たちはまず、直接出した手紙でこちらに振られたものを、適正な契約をすることで信用を得るよう努めました。これには、責任者である片平要一郎の篤実さがプラスして、フォルスターとの差別化になったと思います。

さらに契約後の送金業務もタトルで引き受けました。当時は海外への送金は、大蔵省や日銀にいちいち許可を取らなければならなかった。早川時代、私もそれをやらせられたのでその労を省こうと思ったのです。それで円払いで、気軽に契約できるようにしたわけです。

煩瑣な送金業務を代わって引き受けたのですが、これが業績を拡げることにもなった。一例をあげれば自由国民社が直接契約で出していたピーター・ドラッカーの『現代の経営』がそうです。私たちのやり方を見て、タトルで印税報告や送金をやってくれと回してきた。それでドラッカーの作品は、それ以降全部タトル扱いになったのです。

こんなこともあって、タトル商会へ私が入ったころは月に七点ぐらいの契約だったのですが、それが一四点になり、三〇点になりという形で、二年以内に毎月三〇点から五〇点ぐらいまで上がっていきました。

それから編集者としてのキャリアを活かそうと、ダイヤモンド社の自己啓発シリーズのように、編集企画の段階から協力させてもらった。またシリーズごとの企画を持ち込みもしました。そのひとつに、ウインストン社のジュブナイルＳＦシリーズがあります。一、二の社で断られたところに現れたのが、清水俊二の紹介の石泉社でした。ここに売り込んで実現したのが昭和三〇年の［少年少女科学小説選集］です。この第一巻レイモンド・ジョーンズの『星雲から来た少年』を訳した福島正実は、このとき早川書房を辞めてフリーでしたので、作品の選択もしてもらったのですが、これが彼のＳＦへのロマンに火をつけたと思います。

このシリーズは日本で最初の少年向け海外ＳＦ選集で、Ａ・Ｃ・クラークの『宇宙島へ行く』、ポール・アンダースンの『五百年後の世界』など全二〇巻、昭和三二年まで刊行されたのですが、これを見て売れると思った講談社が［少年少女世界科学冒険全集］で後追いしたので競争にもならず、無念にも倒産してしまいました。

講談社は三四巻まで出し、その後も二次三次とつづけ、どれも成功する。結局、私はその企画に協力せざるを得なかった。このシリーズ全体を成功させたのは曽我四郎ですが、当初の企画者は、楢橋国武です。のちの出版労連初代委員長です。彼は学芸部に移ってから大人のＳＦもできないかと、私のところに相談に来ます。

その前に石泉社にちょっと遅れて、元々社というところが大人のSFシリーズを出します。石泉社の少年SFとはまったく別。昭和三一年から三二年、［最新科学小説全集］といって、ハインライン、クラーク、レイ・ブラッドベリ、フレドリック・ブラウン、シェクレイというそうそうたるメンバーでした。しかしこれは大失敗する。SFだということで、翻訳者にいわゆる理科系の人も選んだりしたので、翻訳が悪すぎた。それと、B6判のカッチリした本にしてしまった。

そのあと、講談社の楢橋国武が大人のSFをやれないかといって来たときに、私が紹介したのが早川書房に戻った福島正実と当時「EQMM」（エラリイ・クイーンズ・ミステリ・マガジン）の編集長だった都筑道夫です。都筑道夫は昭和三〇年に室町書房で、海外SFシリーズを出そうとして失敗しています。

彼らは元々社のシリーズも参考にして作品を選び、講談社の大人SFシリーズとして新書判で出します。しかし、楢橋国武が出版労組の専従みたいになってしまって、一〇冊くらいで終わってしまう。けれどもこれがテストケースとなって、福島正実の早川書房でのSFの大活躍が始まるわけです。

フォルスターの撤退

フォルスターの寡占化を崩す戦いは、私がタトル商会に入って二年のちにあっけなく終わります。昭和三二年の初めにフォルスターは翻訳権の仲介事業を止めて、音楽著作権と写真著作権の仲介に専念するようになる。それはそれで、以降フォルスターはＪＡＳＲＡＣといろいろ揉めることになるのですが、翻訳権の業務は、フォルスターのコミッション収入の一年分をタトル商会が三年年賦か四年年賦で支払って、すべて引き取った。

というのも、翻訳出版、とくに文芸作品は、占領中、入札やらフォルスター事務所の仲介によって高い印税率を支払わされたこともあって、当時どんどん下火になっていました。そもそもこのころ日本で好まれた翻訳文芸作品は純文学に偏っていて、ミステリーやエンターテインメント系は読まれなかった。今とはまったく状況が違います。

昭和二〇年代後半でベストセラーに入った小説は、フランソワーズ・サガンの『悲しみよ こんにちは』や先の大戦を扱ったハーマン・ウォークの『ケイン号の叛乱』、ジェイムズ・ジョーンズの『地上より永遠に』くらいです。翻訳小説はなかなか売れなかった。

しかも占領が終わると、手続きは面倒でしたが、出版社自身が海外へ著作権料を送金できるようになったので直接に契約することもできるようになった。フォルスターのほうも、占領後の契約は文部省に仲介業務の届をしなければならなくなったので、印税の一〇％しかコミッションが取れない。占領下では、原権利者と契約して翻訳権を持ち、翻訳出版社に高い印税率で再契約をして中間利潤を得ていた。その旨みがなくなったわけです。

それにまた最後のころはフォルスターでも、印税率は八％、七％まで下げざるを得なくなっていた。また売上部数に基づく印税となって、旨みがなくなった。それで契約の生きているものはすべてタトル商会に有料で譲って、翻訳の仲介から手を引くことにしたのです。

これでタトル商会の扱う作品が一気に増えました。たとえば『アンネの日記』など、最初からタトル扱いと思われていますが、フォルスター扱いで契約されたもののひとつです。

フォルスターの商法は、オプションを認めず、高い申し込みが来たらそちらに振ってしまうような、大手出版社が得をするやり方で、ルールなき争いをさせていましたから、日本の出版社は皆痛い思いをしていました。フォルスターが翻訳の仲介から手を引いて、少なくとも中小出版社は、ホッとしたのです。

フォルスターと闘ってきた私は、「勝った！」という勝利感を味わうより、その時点、拍子抜けがしたという記憶があります。いっときは翻訳権仲介の仕事をつづける気がなくなりかけたほどです。

日本側の編集者の視点

タトル商会というのはどういうところかというと、創業者は元CIE（連合国軍最高司令官総司令部民間情報教育局）陸軍大尉、チャールズ・E・タトルです。バーモント州ラトランド市にある老舗の古籍商の店主で、ハーバード大学を出ているインテリです。

タトルは占領国軍の将校として日本に来ると、時間を見つけては神保町その他の古本屋を漁り歩きました。そこでアメリカの大学が受け入れそうな本を探して、大学図書館に売るという本業の仕事を、かたわらでやっていたのです。

軍務から身を引くと、本格的にタトル商会の業務を日本で展開しました。まず焼けた日本橋の高島屋に店を出し、輸入したアメリカの本や雑誌を売った。日本人は、占領下、洋書の輸入を禁じられていたから重宝がられると同時に、高値で買わされたと、当時のことをのちに私に零す人もいました。

それと同時に彼は日本へやってくるGI向けに『ベビーさん』というコミックを出した。ベビーさん、つまりGIの相手をする日本女性とどう付き合ったらいいのかという、ハウツー本です。GIは日本へ来ると皆これを買ったから、一〇万部以上売れて、タトル商会の財源になった。これがのちにタトル商会出版部、さらに別組織、タトル出版に発展していくわけです。

占領時代が終わるころ、この出版部の部長にメレディス・ウェザビーがなる。このウェザビーは、戦前は神戸総領事で、棟方志功をいちばん最初に発見した人でもあったし、三島由紀夫と親交があって、のちに『仮面の告白』『潮騒』を翻訳した人です。彼は出版部長として、日本文化紹介の本格的な英文出版をするようになる。英文書籍だけでなく、翻訳出版も一冊だけ、ヘミングウェイの『老人と海』を出す。

ウェザビーは、のちに私が片平さんの要請で紹介し、タトル商会に入って出版部の製作で功績のあった山崎武といっしょに独立して出版社を興します。山崎さんの名前も入れてできたウエザヒル出版社がその社です。

メレディス・ウェザビーと共に忘れてはならないのが、このころタトル商会の支配人を務めたブルース・ロジャースです。彼は最後の日米交換学生として日本で学んだ人ですが、日本人以上にといってよいほど日本語をうまくあやつった。

ロジャースは、同時期日米交換学生でのちに独立して日本洋書販売の社長になる渡辺正弘を三菱商事から引き抜いてタトル商会に入れた。渡辺には「タイム」や「ライフ」、「サタデー・イブニング・ポスト」といった雑誌や、ペイパーバックの輸入卸をさせたのです。

このようにタトル商会は、アメリカの本や雑誌を日本に輸入して売ることで、アメリカの出版社と強い結びつきを持っていた。そういう背景があったからこそ、タトル商会はフォルスターの代わりになりうるという信用が、アメリカの出版社にあったのです。

また、日本の本をアメリカの大学図書館に搬入していたから、タトル商会は大学出版局とも結びつきがあった。私がタトルに入って最初に翻訳権を仲介できたのがアメリカの大学出版局の本だったのはそのためです。

昭和二七年にタトル商会は正式に著作権部を作り、出版部長のウェザビーがそのチーフを兼ねる形で、翻訳権仲介業に乗り出します。私はそこに入ったのですから、最初はウェザビーの下で働いたわけです。ウェザビーは、テキサス出身で、社内でテックスと呼ばれていましたが、きわめて頑固で、私は彼を相手とする社内ネゴに苦労したものです。

そのうちに彼は忙しくなった出版の仕事に専念するようになって、代わって著作権部は支配人のブルース・ロジャースが見るようになった。ブルースは、私たちに何もかも任せました。そればかりか、トラブルが起きると、絶えず私たちの側に立ってくれた。それがどれほど仕事をしやすくしたか、計り知れません。

一方にタトル商会とアメリカの出版社や大学との結びつきがあり、他方にフォルスターのやり方に対する反発があったから、タトルの著作権部はやっていけたし、フォルスターの翻訳権仲介を止めさせることができた。私の闘いなど、なにほどのこともなかったのです。

ただ私は、できる限り翻訳出版する日本側の事情に配慮しました。というより、編集者の仕事を手伝うというか、それに興味を持って仕事を進めた。それがのちに「いったいお前はどちらのエージェントなんだ」という非難を浴びたわけですが、翻訳出版を成功させることは、権利者の利益になると主張してそれを貫いたことは事実です。

そのために、企画や編集の段階から踏み込み、協力もしました。たとえば早川書房の「ポケミス」に入れることで申し込んだジョン・ル・カレの『寒い国から帰ってきたスパイ』の場合、先方の条件が高かったので、それに見合うためB6判でエンターテインメントとして出し、それに類するものをつづけて出す提案をした。

当時、編集長であった常盤新平が上を説得してそれを受け入れるために、「ハヤカワ・ノベルズ」として開花させてくれました。おかげで売れないとされていた翻訳小説の契約がその後増えました。

『スポック博士の育児書』の場合、タトル商会の小売部である神田の店に、ひっきりなしにアメリカ人と結婚した女性が原書を買いに来る。それを見てこれは売れるし、必要な本だと感じ、何社かに売り込んだが失敗しました。

幸いなことに、暮しの手帖社が翻訳出版を名のりでてくれました。あそこらしく、乳幼児に与える食事の分量やその他を、日本に適したものにしようとして、学者の意見を参考にしたり実験したりして書き換えようとしました。当然、権利者の了解を得なければならないことが出てくる。その了解を得る仕事があり、また編集作業の遅れから出版期限の延長を何度も繰り返さなければならなかった。私は自分が編集に加わっているような姿勢でやったので、あれが売れたときは嬉しかったですね。

そのほかタトル商会時代の翻訳権をめぐる具体的な出来事は、私の『東は東、西は西』に書きました。あれに書かなかったことをひとつだけ。さきほどフォルスターが翻訳権仲介から撤退した途端にやる気がなくなったといいましたが、事実、私は昭和三五年ごろにタトル商会を辞めようとしたのです。

当時、トヨタ、西武やアサヒビールなど、各業種一社が出資して共同でパブリシティや調査をする社への誘いがあった。出版部も設ける、それをやってほしい、と。迷いました。フォルスターは手を引き、自分の役目は終わった、という気分でいましたからね。それに外人商社で仕事をする違和感が、最後まで消えることがなかった。

そのころはもう結婚して子供もいましたから、女房に話をして、じゃあ、転職しようということで、創立発起人のひとりになって、白金台の八芳園で行われた発起人会では、ハンコまで押したのです。ところがその過程で、タトル商会で組合を創ろうという運動が起きた。

そのころ六〇年安保改定を前にして、アメリカ軍の基地の撤退が相次いだ。そのたびに、そこに出店していたタトルの小売店が閉鎖され、店員が解雇されていたらしいのです。私のセクションは、社の業務のなかでは孤立した存在でしたから、その辺の実情はよく知りませんでした。

ただ、日本人従業員全員が入るというので、その組織化に力を貸した。それらが同時進行していくなかで、社を辞めるに辞められず、私は転職をあきらめました。

結局、友人に頭を下げて、私の代わりにそこへ行ってもらいました。私よりその仕事に向いていたと思いますが、その友人は起業したばかりでしたし、先方も当然私が来るものとしていたので、そのいずれをも口説くのに汗をかいたものです。

アメリカは著作権先進国ではない

というわけで、昭和三五年にタトル商会を辞めようとして辞めることができず、私はそのあと昭和四一年までタトルに残ります。組合活動と社の業務の両方をそつなくこなすのにはずいぶん苦労しました。

結局は、身体を壊して辞めることになるのですが、そのころはアメリカ、イギリスの作品の翻訳を扱うエージェントはタトル一社で、しかも私が事実上、すべてを任せられていましたから、適正な契約、少なくとも条件吊り上げ競争を起こさせない、また著作権トラブルが大きくならないようにだけはしたと思います。

著作権侵害のケースでいうと、訴訟に持ち込ませない努力をしました。私のやり方は、事件が起きたからといって、すぐには権利者には知らせずに、まず著作権を侵害してしまった出版社に侵害を認めさせ、適正な使用料を払わせる。それも事前に許可を取ったという形にして収めました。裁判になったら、海外の権利者を巻き込み、手間もお金もかかり、双方にとって、よいことはひとつもありません。

その著作権侵害事件のなかには、日本の出版界の著作権法、それに加えてベルヌ条約や講和条約についての理解の不十分さから来たものもありました。講和条約直後、マーガレット・ミッチェルの『風と共に去りぬ』『風と共に散りぬ』というタイトルの少し違う二種類の翻訳が出たり、翻訳権が存続していたスタインベックのものが翻訳権を取らずに出るというような混乱があったのはそのためです。

私も早川書房時代、ロバート・ネイサンの『ジェニーの肖像』をパブリック・ドメインとして出してしまいました。占領下に翻訳権を取って先に出した鎌倉書房の編集長に断りに行ったら、翻訳権は消滅している、契約しないで進めて構わないといわれたからです。

アメリカの作品は、戦前は日米著作権条約で相互翻訳フリーでした。占領下は超法規で翻訳権を取らせられたのですが、講和条約で内国民待遇と定められました。それでベルヌ条約に加盟していないアメリカの作品にも、翻訳権一〇年留保が適用されることになった。ところが日本の出版界は、講和条約発効以前に発行されたアメリカの著作物は戦前の日米著作権条約によって翻訳自由で権利消滅、遡って保護する必要はないと判断したのです。

それが発行後、一〇年を経ていない『ジェニーの肖像』がパブリック・ドメインだとされた理由であったのです。その他にも、私自身もその解釈で、早川書房時代、いま考えれば何点かの無断翻訳をしたことになります。これは著作権法改正のとき、文部省の著作権課がしっかり説明をするようになってから、誤りが訂正されることになるのです。

私のタトル時代のトラブルは、もっぱらアメリカの著作物がカナダで同時公刊されていることによる、翻訳権一〇年留保プラス戦時期間加算の問題でした（約一〇年四ヵ月二〇日、翻訳の場合は六ヵ月さらに加算される）。

カナダはベルヌ条約加盟国です。ベルヌ条約では加盟国と非加盟国で同時公刊されていれば、加盟国を母国とする著作物として保護される。アメリカの著作物の多くが、カナダで同時公刊されている。それを理由にアメリカの著作者が権利主張をしてきたのです。

いちばん先に問題になったのは、早川書房と東京創元社で翻訳出版されたE・S・ガードナーの『ペリー・メイスン』シリーズです（アメリカで一九三〇年代から七〇年代まで八〇冊以上が刊行され、テレビドラマ化もされた）。その多くは一〇年留保で、翻訳権消滅として出版されていた。翻訳権のあるものは、先にミステリーシリーズを始めていた早川書房が独占していました。

その新作の契約を進めるなか、同時公刊問題が発生します。そこで早川書房は、すでに翻訳権は消滅したとして出していた数点の契約をせざるを得なくなりました。その中の一点『どもりの僧正』を、ライバル出版社の東京創元社も翻訳自由として出版していたからトラブルにならざるを得ない。

早川書房は東京創元社に対し、市場からすべての回収と廃棄処分に加えて、損害賠償を請求するといってきかなかった。それで私は、その間に立って収めるのに苦労したものです。

そのころから、おそらくアメリカの権利者は、自分の本が日本で許諾を得ずに、翻訳出版されていることに気づき始めたのでしょう。次から次と、アメリカの権利者が、クレームをいいだし、そのなかには同時公刊をしているものがあったので、その処理に追われました。

三笠書房のヘミングウェイ全集から児童書に至るまで、数多くあった。私は、権利者が要求してくるか、出版社が気がつくかしないかぎり、こちらから摘発はしないことにしました。それにガードナーの経験があるので、複数訳がある場合、とくに争いが起きないよう気配りをしないわけにいかなかったのです。

イギリスの本ですが、コナン・ドイルの息子から『シャーロック・ホームズの事件簿』は、戦前、改造社が原著の出版後すぐ契約して翻訳出版している、権利があるはずだといってきました。もうすでに三種類の翻訳が出ています。私は、［ポケミス］には単行本、新潮社には文庫本、偕成社には児童書の独占権をあたえる契約で乗り切りました。

その同時公刊騒ぎで、初めてアメリカが著作権先進国でないことを知るのです。それは占領下、日本の著作権保護は遅れているといい聞かされていた人間には、ショックでもあったのです。

アメリカでは登録しないものは保護しない。英語の著作物はアメリカで印刷製本しなければ著作権が発生しないと定め、イギリスの著作物の海賊版を出す一方、カナダと同時公刊してベルヌ条約加盟国と同じ権利を主張する。

国際著作権条約ベルヌ加盟国にとって、とくに英連邦諸国にとって、当時は悩みの種であったはずです。私は、これがきっかけとなって、海外の著作権保護を独学で勉強せざるをえなくなったのです。

継続して出版すること

それから、著作権侵害的な揉め事をいえば、映画と原作の問題がありました。たとえば黒澤明監督の『天国と地獄』とエド・マクベインの87分署シリーズ『キングの身代金』のように、原作の映画化か、トリックだけを借りたのかが問題になることがありますね。その場合、ストーリーを使ったら著作権侵害になるけれど、映画会社側はトリックだけを借りた、トリックはたんなるアイデアで著作物でないと主張した。

この種のトラブルは、翻訳出版社というより、翻訳者や読者が問題にしてマスコミが報じるケースがほとんど。アイデアだけを使ったのか、翻案したのかというのは難しい問題です。そういう揉め事が起きたときに、私は映画会社を説得して、低廉な使用料で原作者の許諾を取らせた。その場合、いつも初めから許諾を取って映画化をしたという形にして収めました。

そうしたら、あるケースの場合、「ジャパンタイムズ」が取材に来た。仕方なくその経緯を話したのですが、英字新聞に載ったものだから、当然、社長のタトルに知られて、著作権侵害なのに侵害ではない扱いをし、ペナルティでなく使用料にしたとは何事か、といわれました。たしかにエージェントとして、それが正しいやり方であったかどうかは別です。

同じように正しかったかどうか別として出版社の倒産への対処も自分なりのやり方で通しました。戦後間もなくの昭和二五年前後に出版社はバタバタ潰れたが、この三〇年代もよく潰れました。

たとえば東京創元社は、もともとの創元社の東京支社が大阪の本社とは別法人の株式会社創元社になってできた会社ですが、それが会社更生法の適用を受け、東京創元社になり、東京創元新社という名前になり、そのあとに「新」を削って東京創元社に戻った。

私の知っている限り、河出書房新社も二、三回潰れた。平凡社も筑摩書房も潰れ再建されました。最近では草思社や理論社もです。みな優れた出版物を世に送り出し、識者からも評価されていた出版社です。その他、個性豊かな零細出版社の多くが消えていくのを見てきました。忘れがちなのは、出版社は、いつ、どこが潰れてもおかしくない脆弱さを、構造的に持っていることです。

かつては出版社が不渡りを出すと、会社更生法もなんのその、エージェントはその社の売れ筋の翻訳物を他に売り込み、大手出版社もサッと入り込んできて、さらってしまう。見事なくらいです。フォルスター全盛時代は、それが横行していました。三笠書房のサマセット・モーム選集が新潮社に移ったのもその時代の顕著な一例です。

私はそれだけは関わりたくなかった。で、そういうことが起きると、知られてしまえばそれまでですが、海外の原権利者に出版社が潰れたことを報告しなかった。そして、日本側には新社ができるまで印税売上報告（セールス・リポート）をしないようアドバイスしました。

潰れたと知れば、権利者は売れ筋のものを他に売り込めといってきます。その上、すでに発生している印税も債権に繰り込まれて面倒になる。しかもその売れ筋の翻訳出版物は、その社の再建の柱になることは必定です。

つまり、債権者会議の時点では海外への債権はない状態にしておいて、再建されたあとに海外へのセールス・リポートを出してそこで清算する。そうすれば継続して出版できるし、原権利者にも売れた分のお金は入ります。

ある小さな社会科学の出版社の倒産の場合は、編集長が退職金代わりに在庫を含めて翻訳書の権利を全部もらって独立した。彼はセールス・リポートをちゃんと出すというから、私は海外に対して潰れたという報告をせずに、その出版社が名前を変えたことにしました。それは法的にもエージェントとしてもやり過ぎです。けれど、それでそれらの海外作品は継続出版ができたのだし、海外の権利者が損をしたとは思わない。のちにどこかの座談会で、独立して出版社を興した元編集長が、私への感謝を話していたと友人から聞きましたが、社会科学の類いは、継続しなければその著作物は埋もれたかもしれないのです。

私はいくつかの債権者会議に出ましたが、どれも辛いものだった。製本屋やら下職の主人が血相を変えて集まってきて、社長に土下座をさせようとする、唾をひっかける。それぞれの生き死にがかかっているのですから無理もありませんが、すさまじいものです。

ですから、倒産より望ましいのは、そのような目にあわないこと。そのためには無理な契約をしない、させないことです。大出版社なら雑誌その他の利益で補うことができるかもしれないが、中小の出版社の場合、過重の前払い印税をしたために刷り過ぎて失敗すれば、倒産の引き金になるはずです。

私は、やはり出版というのは継続が力だと思っているのです。継続出版するのは出版社の義務であるし、エージェントはその継続するという部分で、出版社の力にならなければという思いは、その後も変わらなかったはずです。

出版労協の中執として

タトル商会時代の後半、私がいちばん苦労したのは組合運動でした。タトルでは社員の給料に非常なデコボコがあった。自分はこれだけ仕事をしたから給料を上げろと社長に直接いいに行った連中は上がる、そういう観念がない人間は年一度の定額しか上がらないという、いってみればアメリカ式の給料だったのです。

そのような状況下で発足したタトル商会労組の委員長には、のちに日本リーダーズダイジェスト社の社長になった出版部の大儀見薫、役員には同じくのちに講談社インターナショナル専務になった営業の信木三郎、和書の輸出責任者の守田協や私といったそれぞれのセクションの担い手がなった。日本人全員が組合員ですから、社員会のようなものでした。

初期は、外人商社にありがちな社員同士のコミュニケーション不足を補ったり、賃金格差の是正に役立ったと思います。ところがしばらくして出版労協加入という提案を大儀見さんがしてきた。出版労協というのは今の出版労連の前身ですが、組合をこしらえようとしたとき、彼がその書記長に相談していた経緯があったようです。

私や守田さん、信木さんらは、出版の占める割合の少なさとアメリカ人商社という特殊性から、出版労協加盟には反対しつづけました。ところがやがて反対は私と守田さんだけになり、出版労協に加盟せざるを得なくなった。信木さんは労協の中執に選任されます。

それから組合は、交渉相手の支配人のブルース・ロジャースに、教条主義的要求を次々とするようになった。ブルースには、日本人全員が組合員ですから、社員のだれひとり相談する相手がいません。それでなにもかも要求を認める、認めざるを得なかったブルースも、クローズドショップの要求には反対すると思ったら、組合役員の中の私の顔を訊ねるようにちらちら見ながら、書類にサインしてしまった。

それが問われてか、ブルースは社を辞め、交渉は社長のタトルとやるようになる。一方で、出版労協の中執になった信木さんは、労協の大会の最中に麻雀をしたとかで降ろされるとタトル商会を辞め、講談社に英文図書の出版を持ち込んで行きました。

それで講談社インターナショナルが発足します。講談社の野間省一社長に斡旋したのは、出版労協の委員長の楢橋国武です。その一方、出版労協の方ではタトル商会労組から後任を出せという。それで、私ともうひとりを組合が推したため、籤かジャンケンで、私が行くことになってしまいました。

おかげで私は出版労協の中執になって四年ほど苦労することになるのです。私がやったことといえば、出版対策部を発足させたこと、『教科書物語』という小冊子を作り、検定や教科書無償措置法による広域採択の問題点を組合調でなく、わかりやすい解説書にしたこと、次に財政部の責任者にさせられて会費の値上げを進めたぐらいでしょう。

ただ出版対策部では、岩波書店の岩崎勝海、中央公論社の橋本進、図書新聞の宮守正雄、三省堂の角田栄一などそれぞれの分野で優れた編集者を部員にしました。当時岩崎さんは新書、橋本さんは「風流夢譚」事件時の「中央公論」、宮守さんは書評紙、角田さんは参考書のそれぞれ編集の責任を担った人物。これらの人と交流したことは、大きな収穫でした。

宮守さんは、岩崎さんがその出版対策部の討論を纏めた『出版ジャーナリズム研究ノート』を、図書新聞社から出版しました。私が三省堂の角田栄一と彼の死ぬまで親しくしたのは、このときからです。

私が組合の役員を離れ、労協の中執になってからのタトル商会の労使関係は、たいへんでした。その年の暮れにはボーナス闘争でストライキをする。タトルは、要求を頑としてはねのけただけでなく、その翌年には労務屋を支配人とし、職階制をこしらえ、職制になった日本人は、組合を抜ける。当然の成りゆきです。

それを契機に労協加盟反対の守田協は、職制になることを拒んで退職し、和書輸出の協和図書を創ります。古山高麗雄の親友だった守田さんは、その後、日本ユニ・エージェンシーの取締役にもなり、ずいぶん力を貸してくれたものです。

そんなさ中、委員長の大儀見さんが、英国人の母親が占領期間、洋画の一括輸入機関の要職にいた関係で、20世紀フォックスに転職します。これでタトル商会の組合創立時の役員で、責任者的仕事をしていて残ったのは私ひとり。しかも社長のタトルから元凶だと思い込まれた。つくづく外人商社では、彼らの言語でうまくコミュニケーションができない人間の不利を悟りましたね。

それでも、会社は仕事で成績を上げていた私を首にできなかった。その代わりに、私の周りの人の首を切りました。その首切りに対する反対運動をやると、それでまた首を切られる人が出た。

そのひとりが、元実業之日本社の編集者で、「ＳＦマガジン」の創刊を手伝い、福島正実の推薦で入社した翻訳家三戸森毅（三田村裕）です。彼は長年の編集者生活のリズムで、朝早くには出社できない。一一時とか昼近くに出社して来ていました。会社はそれを理由にして、契約社員のコミッション・セールスマンにしたいといってきた。

このときはもう矢野浩三郎が歩合制の給与待遇で働いていました。矢野さんは、常盤新平が「ニューヨーカー」を目指して創刊した「ホリディ」の編集者だった。「ホリディ」は一号で廃刊になったので、ひとり増員を許されたとき、常盤さんの推薦もあって、フリーになった矢野さんを推しました。

会社側は組合員が増えるのを嫌がって、正社員は駄目だといって、コミッション・セールスマン扱いを提示してきた。著作権仲介は、契約時の金額だけでなく、その質と結果が問われるものです。歩合制などもってのほか、苦肉の策で、月間仲介手数料収入の一部を回し、給料を社員並みにして受け入れた。

それを先例に、三戸森毅にコミッション・セールスマンになれと、断れば首だといってきたのです。その前の首切りは、著作権部が移された神保町支店の小売り部マネージャーでした。そのときは神保町の組合員の意見を私が纏めきれずに、解雇を食い止めることができませんでした。それは今でも悔いとなっていますが、こんどは矢野浩三郎を社員並みにする部内操作ができなくなることに及ぶので、なんとしても食い止めなければならなかった。

私は一方で会社の業績を上げなければならず、もう一方で首切り反対闘争で家にも戻ることができない。そんなこんなを連日繰り返しているうちに、身体が悲鳴をあげて、腸閉塞を起こしてしまった。

三戸森さんについては会社と交渉して、首切りでなく自己退職にしてそれまで数ヵ月の給料と退職金を払わせ、矢野さんについては、私をスカウトしようとした海外評論社に職を斡旋することで、なんとかけりを付けた。そして、あわてて慢性的になった腸閉塞の手術のために入院した。

二度の手術を終えて退院してきたら、当然三戸森毅も矢野浩三郎もいなくなっています。代わりに入ったひとりが、日本ユニ・エージェンシーを引き継いでくれた武富義夫でした。大学を出たばかりの武富さんに、会社は「宮田に仕事を教わるな」と命じたらしいのですが、すぐに武富さんは私に相談しなければ仕事が進まないことが分かって、なんでも相談に来るようになった。

矢野著作権事務所と常盤新平

実は私は腸閉塞で倒れる前から会社を辞める気でいたし、実際にまもなく辞めるのですが、困ったのは矢野浩三郎や著作権部の組合員たちが、いっしょに会社を辞めて私を中心にして独立しようという動きをしていたことです。私はそれは無理だということはわかっていました。

なぜかというと、海外とのコレポンは、すべて著作権部に私を誘った片平要一郎名義でしているので、海外の権利者は、私を知らない。私が知っているのは、訪日して私の案内で出版社めぐりをした、アメリカの出版社、マグロウヒル社のバンダーマークぐらいです。

それに私は、翻訳権を売るだけでは真のリテラリー・エージェントとはいえない。海外のようにまず著者の国内のエージェントをやって、それを海外にも売る。それで初めて日本は海外と対等の立場に立ちうるという考え方をずっと持っていた。同時にそれは理想論だということも分かっていました。

ところが海外評論社に移った矢野さんが、間もなく社長と折り合いがつかなくて辞め、国内のエージェントからスタートするという私の理念をもらい、それを実現するエージェンシーを始めたい、といってきたのです。

それでできたのが矢野著作権事務所なのです。そこにタトル商会の著作権部の組合員ふたりが次々に辞めて合流した。しまいには武富義夫までが移って行った。私は賛成ではなかったけれど、行きがかり上、出資をし、非常勤取締役も引き受けました。

もちろん、すぐ国内の著者を発掘し、それで採算を取るなど無理な話です。まず翻訳者のエージェントになってその仕事を世話することから始めなければなりません。その場合、企画、翻訳権の取得も併せてやらない限り、うまくいくわけがありません。

その矢野浩三郎を支えてくれたのが、当時早川書房にいた常盤新平です。早川書房の翻訳出版は、SFを除いてすべて企画から翻訳権の取得まで常盤さんの手によって行われていました。常盤さんは、できる限り矢野さんを通じて翻訳権を取ることで応援してくれたのです。

のちにベストセラーになるマリオ・プーヅォの『ゴッドファーザー』も、常盤さんがいち早く企画し、矢野著作権事務所を通じて翻訳権を取り、翻訳も依頼し、矢野さんはエージェントとして一ノ瀬直二（加島祥造）に翻訳を回した。それが矢野著作権事務所の初の大きな収入となったのです。

その前に私はタトル商会を正式に辞めていて、もの書きとしてやっていくつもりでいました。ちょうどジュニアSF『人類のあけぼの号』を書き、それなりに売れ、注文もそこそこありました。それに早川書房の早川清社長に頼まれて顧問を引き受け、わずかではありましたが、顧問料をもらっていました。

だからこの時代、昭和四〇年代前半の三、四年は、私のフリーの時代です。私は矢野著作権事務所をエージェントとする執筆者の第一号になって、本当は斡旋を受けていないのに、入ってくる原稿料や印税の一〇％をお手本にコミッションとして入れました。

矢野浩三郎は、進学校の久留米医科大学（現久留米大）附設高等学校にいた秀才で、リラダンの翻訳で有名なフランス文学者、齋藤磯雄の講演を福岡で聞いて進路を変え、齋藤が教えている明大の仏文科に進みました。英仏に堪能なうえ文章は師の齋藤磯雄譲りで、その翻訳は素晴らしかったし、たいへんな学識の持ち主であったと思います。のちに大学教授になるほどでした。だからといって、編集者、翻訳者にはなり得ても、必ずしも経営に向いていたわけでありません。

なによりまずかったのは、早川書房に組合ができて、その執行部がみな翻訳担当編集者だったから、編集長の常盤新平といっしょに矢野著作権事務所にしきりに訪ねて来ていたことです。それが早川の組合が矢野著作権事務所で秘密会議を開いているということになり、早川社長は組合をそそのかしているのが、常盤さんだとした。早川さんは、常盤さんにあらゆる会議に出るに及ばずとして、辞めるように仕向けました。

常盤新平が辞めたことで、早川書房は、子息の早川浩が代わって翻訳出版を仕切ることになりました。タトルを通さないかぎり契約できないものを除いて、常盤時代、矢野著作権事務所を通じて翻訳権を取得したものは、すべて直接の交渉に切り替えたのです。しかも子息は海外へ出張して、現地で直接の契約もされた。

もともと海外の出版社、エージェントとなんのつながりもなく発足した矢野著作権事務所です。翻訳ものの出版では抜きん出ていた早川書房の利用がなければ、当初の軸とする翻訳の斡旋も難しくなる。存立の危機でした。

私が辞めたあとに三人もタトル商会著作権部から矢野さんのところに移って行ったこと

もあって、矢野著作権事務所の後ろには宮田がいるということは、公然の秘密のようになっていました。ですから、矢野著作権事務所が窮地に陥ったとなったら、私があとを引き受けざるを得なくなっていた。

ずいぶん悩みましたが、矢野著作権事務所は名前を日本ユニ・エージェンシーと変えて、私が代表取締役になりました。

日本ユニ・エージェンシー時代——昭和四〇年代後半〜六〇年代

コ・パブ(共同出版)でまず活路を

私は昭和四五年四月に矢野著作権事務所改め日本ユニ・エージェンシーの代表になるのですが、タトルで私がやっていた翻訳権の仲介は、ここでは矢野浩三郎や武富義夫が引きつづき担当し、それに河出書房が倒産したので、河出インターナショナル社長だった青木日出夫も加わります。

それで私の方は、経営の立て直しにもっぱら専念したのですが、エージェント業務を補うコ・パブ（共同出版）は青木さんといっしょに取り組みました。海外の出版物のイラスト部分のみ印刷したものを輸入して、日本語を組み入れ印刷して製本するのがコ・パブです。タトル時代、新潮社の「人類の美術」、岩崎書店のチェコのイラスト本のコ・パブをやったので、私にはノウハウがありました。

私の唯一の海外の出版社の知人、タトル商会を辞めるころ来日して知りあったマグロウヒル社のバンダーマークが企画していたコ・プロは、企画段階から世界の多くの出版社が参加して練り上げ、一社ではできない良質な著作物を世に送り出そうとするものでした。

バンダーマークは、私が独立したのを知ると、これへの協力を求めてきました。最初に彼が企画したのは、レオナルド・ダ・ヴィンチの『マドリッド手稿』です。

私は、まずバンダーマークを日本に招き、当時同時通訳の設備があった経団連会館に出版社を集め、彼の目指すコ・プブの趣旨を講演してもらった。サイマル出版会社長の田村勝夫が、同時通訳者を斡旋してくれました。

このマグロウヒル社をメインとするコ・パブに、社長の緑川亨が賛同して岩波書店から昭和五〇年、『マドリッド手稿』が特製二百部一八万五千円、上製二千八百部九万八千円で出版された。このプロジェクトは、世界的にも、貴重本の国際共同出版の基本を創ったと評価されたものです。その成功を機に、コ・プロが日本ユニ・エージェンシーの大きな収入源になっていきます。

それから私がユニで力を入れたのが児童書出版。幸いなことに、親しくしていた河出書房の「世界児童文学全集」担当の佐東一が、河出書房が潰れたあと、好学社へ行った。好学社はマグロウヒル社のものの英語版リプリントをやっていたけれど、佐東さんはその子会社日本パブリッシング社を起こし、ユニを通じて海外児童文学の翻訳権を取ってくれた。これはロングセラーになって、今でもユニの財産になっているはずです。

余談ですが、この時代にユニ・エージェンシーが手掛けた翻訳児童書が、二〇年、三〇年経つうちにいつのまにか教科書に採用されて、それがさらに教材や学参ものに利用されるまでになっていた。それで例の副教材訴訟の対象にもなったのです。

当然、海外の原権利者の著作権も問題になります。バラバラに権利処理されたら、教材・学参会社は法外な金を払わさせられたかも知れなかったのですが、幸いなことにその利用された海外児童文学のほとんどは、ユニが仲介していました。そこで、ユニが一手に引き受けて、適正な使用料で取りまとめることができたのです。

矢野著作権事務所は、真のリテラリー・エージェントは国内の著者のエージェントを務めるところから始めるべきだという私の理念を実現するということでスタートしたことはすでに触れました。ですから、私が代表を引き受ける前も、代表を引き受けて日本ユニ・エージェンシーと名前を変えてからもずっと、執筆者のエージェント業を模索し、四苦八苦もしたのです。

私の縁で、まず宇野利泰、新庄哲夫、井上一夫、平井イサク、深町眞理子といった第一線の翻訳者のエージェントにならせてもらいました。この中でいちばん成功したのは深町さんです。

深町さんはタトル商会に勤めていて、辞めて翻訳者になりたいという際に私がいろいろ相談に乗ったものだから、私がユニを引き受けたときに、エージェントになってほしいと自分からいってくれたのです。彼女はすべての仕事をエージェントを通してやるという原則を守ってくれました。それは深町さんの美学というか、一徹さによるものです。

ほかの人は、結局、ユニが紹介した仕事はユニをエージェントとするけれど、たとえそれで関係ができた出版社であっても、そのあと直接に翻訳を頼まれるとユニに知らせないで、自分で処理するようになってしまった。それはもともと翻訳者として一家をなしていた人たちですから、当然だったでしょう。

それにとどまらず、こちらが紹介した翻訳であっても、途中でエージェントを切られる場合もありました。もともと『ゴッドファーザー』の翻訳には、加島祥造はアメリカ文学者の立場からあまり乗り気ではなかった。一ノ瀬直二というペンネームを使わせたほどです。

ところが、これがどんどん売れてベストセラーになって、何万部だかの新しい増刷が決まったときに、加島さんは私を呼び出して、「いつまで一〇%を取るつもりだ」「君のやっていることは虚業だ」といってきた。

彼は私と親しすぎる関係だから本音を喋ったのでしょうが、この言葉はショックでした。矢野著作権事務所の再建に乗り出すべきかどうかについて、相談した相手であったし、理解者でもあったからなおさらです。

これで分かったのは、印税が一〇万円や二〇万円のときは、エージェントに一万円や二万円を払うことは何でもない。だが、それが売れて百万円、さらには何百万円入るようになると、なんでエージェントに一〇万円、何十万円をいつまでも払うのか、バカらしくも、惜しくもなるということです。

私たちは、宇野利泰やすでに活躍している翻訳者のほか、多くの翻訳者を見いだし、仕事を世話しました。また育てもした。だが、一回つなぎを付けた出版社は、次は訳者に直接交渉をするし、訳者はコミッションを払いたくないから、こちらに知らせない。前借にもなかなか応じられないこちらの苦しい台所事情も、若い訳者をひきとめられなかった理由でしょう。

エージェント業の理想と現実

国内の著者のエージェントも、これはほとんど武富義夫が取り組んだのですが、いろいろやりました。その努力が大きかったので、今でも空しさが残ります。片岡義男、高橋三千綱、海老沢泰久、C・W・ニコル。

片岡義男の場合は、彼はもともと翻訳家で、武富さんにエージェントになってくれといってきました。それじゃあ引き受けましょうということでやっていたのですが、小説を書くようになって、売れてきて、角川書店が片岡義男フェアをやるとなったときに、税務対策をするため事務所を起ち上げるからといって解消してきた。

高橋三千綱の場合は、のちに太田出版を立ち上げる高瀬幸途が当時はユニ・エージェンシーにいて、彼が惚れ込んでエージェントになったのでしたが、芥川賞を取ったらある有力な出版社に、これからはエージェントを利用するなといわれたらしく、「エージェントを外してくれ」といってきた。

海老沢泰久の場合は、武富さんが入れ込んで、欧米のエージェントだったらやらない作品の添削までして力を入れていたのですが、あるとき、どこかの出版社から、同じくエージェントが入ると仕事がしにくいといわれて切られてしまいました。

C・W・ニコルはアメリカのエージェントから「こういう男が日本に行くからよろしく頼む」といわれて、やはり武富義夫が張り切って世話をしました。いっしょに取材したり、内容に立ち入って作品を作り上げるのに協力し、「リーダーズ・ダイジェスト」の編集長を辞めたばかりの松田銑を翻訳者にして、デビューさせた。ところが彼が次第に有名になって、執筆だけでなくコマーシャルの出演依頼までくるようになったころに、意見の違いができて次第に齟齬が生じ、関係が断たれました。

欧米の場合は、エージェントを一回決めたら、どんなに自分が流行作家になっても、そのエージェントを通します。というのは、欧米では出版社の数は少ないし、著者は必ずしもロンドンやニューヨークに住んでいないから、出版社のあるロンドンやニューヨークのエージェントは、著者にとって便利なのです。

それにエージェントを使うのは、出版にかぎらず、あらゆる分野で行われていますから、抵抗がありません。著者とシェイクハンドすれば、契約成立です。出版社から出版させ、雑誌掲載や映画化、翻訳などの副次権に係るいっさいをやる。そしてそのエージェント関係はずっとつづく。

それに対して日本では、ひとつの出版社で、雑誌、単行本、文庫という流れができていて、雑誌の掲載のときから、編集者がコミットしてくる。内容指導から始まって、作品発表の展開に付き合い、場合によっては翻訳や映像化も取り仕切る。そこが日本でエージェント業ができにくい原因なのです。

それで日本ユニ・エージェンシーは、著者のエージェント業でさんざん苦労した末に、ある時期からそれに力を入れるのをやめました。ユニのあと、いくつか日本でもエージェント業の試みがありましたが、なかなかうまくいっていないのは、こういった日本の出版の構造的問題もあるからです。

しかし、日本の著作の翻訳権の輸出をよく見ていくと、盛んになったものの、東アジアからの申し込みをこなしていることがほとんどで、こちらから欧米を含めて海外に売り込む努力があまりなされていません。そういった受け身の姿勢が、村上春樹や一部の文芸作家の作品をのぞく日本の著作物の海外紹介の少なさにつながっていると思います。

欧米では、翻訳権については出版社が、積極的に海外に働きかけます。それは翻訳権を売れば出版社の利益にもなるからです。契約でも著作権法でも、そういう権利が与えられています。日本の場合、翻訳権は契約で出版社に委任されているだけです。出版社の固有の権利ではありません。

また欧米の出版事情と違って、一作家、一出版社、つまり同じ出版社からつづけてその作家の著作が出されずに、複数の出版社から出されています。海外である小説家の人気が高まり、多くの作品の翻訳の希望が出て競争が激しくなった場合、複数になっている窓口を調整する必要はないのか。翻訳ビジネスは、する方とされる方の両方に目配りしないと、自分の首を絞めることにもなります。

さらにインターネットの時代、著作物の副次利用が世界的に輻輳《ふくそう》的に行われることが予想されます。それらに応じられるのは、私たちが描いたエージェントではないかと考えています。それはまた、私の希望でもあります。

いずれにせよ、そんなこともあって、日本ユニ・エージェンシーは、目指した作家のエージェントより、翻訳権仲介に力を入れざるを得なかったのです。

アドバンスの高騰

その翻訳権仲介のことでは、まずタトル商会や日本ユニ・エージェンシーでの私のエージェントとしての姿勢から話をしていこうと思います。

何よりもまず私が徹底したのは、オプション（優先出版権）を文字通り優先させたことです。出版社の大小に関係なく、いちばん先にその著書に興味を示すか、前作を出して次作のオプションを持つ出版社とまず契約交渉をすること。その上で競争になった場合、オークション（せり）にしないで、ビッド（入札）にしたこと。そして、契約内容を口外しない、守秘義務としたことです。

私がタトル商会を辞め、数年後にユニを引き受けたさらに二、三年後、タトル商会の著作権部に森武志が責任者として加わりました。この人はチャールズ・E・タトルの夫人の甥で、子どものいないタトルさんは、後継者と考えていたのでしょう、それまで社内の各部門で経験を重ねさせていました。

アメリカのハイスクールから慶應義塾大学を卒業して、さらにアメリカの大学に留学した。英語はネイティブと同じように話すし、センスがあって人間的魅力があり、アメリカ人の考え方を充分に理解できる、そういう人だった。森さんはのちにチャールズ・E・タトルと合弁のタトル・モリ エイジェンシーを創り、著作権部を名実ともに引き継ぎます。

森さんがタトル商会著作権部で活躍し始めると、それまで海外とのつながりがなくて苦労していたユニは、ますます苦しくなった。彼の能力のせいもありますが、そのなかでとくに参ったのは、アメリカの出版業界誌「パブリッシャーズ・ウィークリー」（以下、「PW」）のコラム、「ライト&パーミッション（権利と許可）」の担当者に、森さんが高額の成約情報を知らせたことです。彼はまず、フォード大統領の回想録をアドバンス一万ドルで売ったと明かしました。一ドル三百六〇円時代の一万ドルです。それから次々と、高額な契約の内容を報告しだした。

矢野著作権事務所時代のことですが、講談社が『水平思考の世界』を、草思社が『ビートルズ』を、タトル商会を通じて前払金（アドバンス）四千ドルから五千ドルで取ったことがあります。

当時はアドバンス千ドルでも高かった時代です。大学出の初任給が二万円程度か？　講談社も草思社の編集者も初めて翻訳権を扱ったのでしょう。相場を知らず、初版部数でなく売れる見込みの部数に見合う金額を申込金額とするようにいわれたのかもしれません。

その都度矢野さんが、「競争になっている。タトル側は高額なオファーをしているようすだ。どうしたらよいか」と相談してきた。私は出版社にぎりぎりの線を出してもらい、オークションには乗らないようアドバイスした。それで負けたのですが、いずれもビギナーズ・ゲインで、ベストセラーになった。

あのときにオークションに乗って、矢野さんも一段高い金額を出版社に申し込みさせていたら流れは変わっていたかもしれない。私のミスです。私がタトル商会で仕切っていたころとは、状況が違っていました。契約条件は、いくらでも高くなりうる時代に入っていたのです。

さらに森さんの「ＰＷ」への報告で、日本の出版社は高額のアドバンスを払うことが知れ渡ってしまいました。それまで私たちは、日本は欧米の出版社と違って訳者に印税を払わなければならないので、高い額は払えないと主張していたのですが、次第に日本はドイツ、フランス並みに払える国であるということになり、やたらにオークションにかけられるようになったのです。バブルの時代とあいまって、それに応じる出版社も増えていきました。

これは苦しい時代でした。売れそうな本の情報を手に入れて、こちらが先に申し込んでもオークションにされ、タトル・モリにこちらの条件を知らせる。こちらがある線以上は出さないので契約できない。

ある出版社は、ユニを通じて売れ筋の作品を申し込んだのに、権利者がタトルからも申し込みを出させるから待ってくれといっていると知ったら、さっさとタトルにも重複して申し込みにいき、高い額で取ってしまった。その作品も次作もベストセラーになったので、無念でした。

そういった苦杯を嘗めていたので、私はある翻訳権のことで、締切日を決めてビッドで申し込みをさせておき、オークションに切り換えてアドバンスを吊り上げるのはいかがなものか、アドバンスは高ければいいというものではない。フェアな取引をして適正な額で契約することが出版には大切ではないかと向こうのエージェントにクレームの手紙を書きました。

そのエージェントは、「PW」の「ライト&パーミッション」のコラムニストにその手紙を見せた。そのコラムニストは、私の手紙のなかの都合のいい部分だけを抜粋して、日本はおかしな国だ。日本ユニ・エージェンシーの宮田という男は、アドバンスは高ければいいというものではないといってる。アメリカ人はアドバンスは高ければ高いほどいいと考える。自分のリスクで高い金を払うのになにが問題かと書いて、ユニと私を名指しで攻撃しました。

それでも私はアドバンスの高騰には抵抗したのですが、矢野浩三郎が翻訳者になり、青木日出夫が独立し、社内からも辞めるものが続出した時点で、武富義夫と相談し、場合によってはオークションを勝ち抜こう、作品を選んで諦めないことにしました。

そして獲得したのが『エクセレント・カンパニー』『アイアコッカ』『大国の興亡』など多くのノンフィクションの作品です。これでユニ・エージェンシーは息をついた。ただ、先方から要求もあったが、高額で取った情報を「ＰＷ」に流すことだけは、最後までやせ我慢を通してやりませんでした。

生みの苦しみ、忘れられない言葉

それよりも苦い思い出には、かつての日本の出版社のセールスレポートの杜撰さがあります。もちろん、これから話す二、三の例は、例外中の例外でしょう。

あるたいへんに良く売れた翻訳書があって、原著者は続編、続々編と何冊かシリーズ化して書いていました。ところが三冊目か四冊目のときに、権利者のエージェントがそれまでの翻訳出版社と契約したくないといい出した。理由を尋ねると、ある時点から売上げがないという報告が寄せられていて、失望したからだといってきました。

チェックすると、この何年間売上ゼロの報告がつづいている。担当者が出版部長に確かめると、第一冊目など、何十万部も売れてるのに何をいうかと怒りました。それで調べてもらうと、売上部数の報告を担当していた経理部が、売れていないという虚偽の報告をしていたことが分かった。出版部長が有力者だったこともあって、経理が過ちを認めて海外権利者に詫び、未払い分を全部支払って、このシリーズを出しつづけることができた。

もうひとつは、その杜撰なセールス・リポートのせいで、翻訳権が他に移ったケースです。編集者があるとき、青い顔をして私のところへすっ飛んできて、あれはうちで売りつづけている本です、なぜ他社へ売ったんですか、といってきました。

ときすでに遅し、でした。この何年かその社は、翻訳書籍のすべてに売上ゼロの報告をつづけていたのです。何度となく、担当者が、セールス・リポートを送ってくる管理部にその真否を確かめただけでなく、編集者にもこのままだとキャンセルされると連絡したようなのですが、管理部から来るセールス・リポートのゼロは変わらない。権利者からは、他の出版社から再発行させるようにという要求も出てきました。

やむなく、最終確認をしたが、管理部の態度は変わらなかったそうです。そこで権利者のキャンセル通知を出したが、それでも反応はないので、他社と契約をせざるを得なくなった。おそらく編集者は、管理部に注意したのかもしれませんが、無視されたのでしょう。また重大な契約違反と見ていなかったのかもしれません。

雑誌を主体とするその出版社にとって、図書の売上げなど微々たるもので、翻訳図書など意に介さなかったのでしょう。海外の権利者のわずかな印税など、管理部にはゼロに等しかったのかもしれません。

石油ショック時の事件でしたが、もうひとつ私には、エージェント業をやっていることに空しさを感じさせたケースがありました。その出版社は、老舗というべき社ですし、私の仕事ぶりを理解してくれているところと思っていただけに、なおさらでした。

その社で出しているあるシリーズで、それまでけっこう売れていたのに、ある時点から売り上げががくんと落ち出した。石油ショックの影響と考えたのですが、ずっとつづくので、不思議に思っていました。

ところが後日、その社の社長に偶然会っての茶飲み話の中で、「石油ショックで苦しかったときは、海外の権利者には勘弁してもらった」といわれたときは、ひどくがっくりしました。彼も口が滑ったと気がついたのか、のちの報告で支払ったと思うといい足しましたが、勘弁で済ませていい話ではありません。

私はユニを引き受けるとき、タトル商会の経験から、数年間は赤字がつづくと思っていました。契約したものが翻訳され、本となるのには、平均して一年から二年、本が発行されて売上印税が生じるのは、さらに二、三年先となります。

しかし、数年先からは、契約したバックタイトルから印税が生じてくる。なかにはロングセラーになるものもあります。それらが積み重なって赤字を消して黒字を生んでいく。そこまで待っていくのが経営だと。その間はコ・パブでつなぐ。問題は資金繰りでした。

当時は、ベンチャービジネスともいうべき著作権エージェントについて、金融機関の理解はゼロでした。著作権は、無体財産です。契約時のアドバンスは、いっときの最低限の売上で、その契約自体がのちの売上を生むものだということをわかってもらえません。

損益計算、貸借対照には出ない資産です。だが、決算の赤字だけを問題にし、大手の銀行は金を貸そうとしない。それで国民金融公庫にお百度を踏みました。金融公庫が貸してくれた金額は少なかったが、それでやっと金繰りの目途がつきました。金融公庫では、何回となく始めたばかりの出版社の社長に会いましたね。みんな生みの苦しみをしていたのです。
もっとも銀行の支店長は、私のエージェント業の説明を聞いて、大学の先生が理想を喋っているみたいだといって、いっこうに金を貸してくれませんでした。最終的に銀行から金を借りることができるようになったのは、私が家を建てて担保を提供できるようになってからです。無理して借金して家を建てなければ、銀行は金を貸さないことを、痛いほど知りましたね。

予想したように、ユニが決算の赤字から抜け出すまで、七年かかった。だけれども、ほんとうに利益を出すまで、それから数年かかった。翻訳権エージェントとはそういったものです。その代り、過去に仲介したものが累積されて、利益を生み出す。長いスタンスでやっていかなければならない。それを銀行は理解してくれなかったのです。

しかし、正直にいって、その数年たっても、期待していたほどはバックタイトルの印税は入ってきませんでした。アドバンスで無理をさせず、適正な契約をして、出版後の販売に期待し、期末の正確なセールスレポートにもとづく印税を払ってもらう。そのことでユニのやせ我慢の経営も成り立つのだし、翻訳出版社とユニは共存する。

それで頑張ってきたのですから、勘弁してもらったという社長の話には、そのときの苦労を思い出し、唖然としたものです。

ミニプロ・ミニセールが出版の原点

アドバンスが高騰し、オークションにかけられる作品が増えていき、出版後の印税が期待外れなのに、それでもやせ我慢していた苦しい時期、日本ユニ・エージェンシーは、逆に少ない金額の契約を数多くこなしました。他のエージェントが、それらをあまり歓迎しなかったからです。私はミニプロ・ミニセールが出版の原点と考えていたので引き受けたけれど、採算が合うものではありません。

たとえば当時、一ドル二百五〇円の時代でしたからそれで計算すると、アドバンス百ドル（二万五千円）のもののコミッションは二千五百円、四百ドルのものでやっと一万円。今のような一ドル百円前後の円高の時代だと、アドバンス千ドル（一〇万円）でないとコミッション一万円にもなりません。

一点一点の海外への交渉です。手紙のやりとりや契約書の作成などの労を考えると、やっていけるはずはない。それで、元来契約上出版社がやるべき義務だが、ユニが代行してきた業務、権利者への定期的なセールスレポートなどの手数料を、契約管理料として契約時に一万円もらうことにしました。そうすれば、どうにかしのげます。

こうして多く仲介した低額アドバンスの作品のなかから、目立ちはしなかったけれど、人文科学や理系のもので、コンスタントに増刷を重ねていくロングセラーが育っていき、それが会社の財産になったものもあります。

ジャンルでいうと、児童書に多かったといえるでしょう。文芸書は、ベストセラーは出ても新しいロングセラーになる数が少なく、児童書からは新しいロングセラーが出やすい。児童書をそれだけ大きな存在にしたのには亡くなった前社長の長沢立子の力が大きかった。彼女は、アメリカの大学院で児童文学を専攻し、児童書をやりたくて日本ユニ・エージェンシーに入って来たけれど、当初は児童書担当の先任者がいたので、彼女は武富義夫の下で、語学力を生かして、オークション合戦の戦力として働いていました。

そのうちに、先任者が辞めて、児童書を担当できることになり、長沢さんは本望を達したのですが、今度は武富さんがやはり彼女の力が必要だというので、両方で獅子奮迅の働きをした。相当苦労したと思います。しかし、ユニ・エージェンシーは、児童書に力を入れていたので働き甲斐はあったはずです。

のちに日本著作権輸出センターを創った栗田明子も、ユニでは、児童書を担当して成績を上げていた時期がある。栗田さんは日本の著作の翻訳権の輸出をやりたいといって訪ねて来ました。

翻訳権の輸出については、すでに私と非常勤の役員をしていた協和図書の守田協と彼の友人古山高麗雄の三人で金を出し合い、日本の図書を紹介する英文情報誌「JAPAN BOOK NEWS」を出していた。三人が出資した金額が無くなるまでつづけようと、定期購読者を海外に募ったのですが、反応はゼロ。昭和四三年ごろです。それで、欧米に日本の著作を輸出するのは困難なことを感じていました。

そこで栗田さんには、まず「JAPAN BOOK NEWS」の刊行の持続が可能かどうかやってもらったのですが、彼女もやっと翻訳権の輸出が難しいことを理解した。

それでも栗田さんが入社して海外へ輸出する業務を希望したので、それをサブとし、まずコ・パブ（共同出版）、次に児童書をやってもらった。ちょうど、ほるぷ出版が児童ものを始めたときで、栗田さんも成績を上げた。自身もほるぷ出版から翻訳を頼まれ、それが課題図書になったりしたはずです。

でも彼女はやはりサブではなく、日本の著作を海外に売り込むことに専念したいといってきた。そして昭和五六年にユニ・エージェンシーを辞め、福音館書店にいた板東悠美子と「栗田・板東事務所」を設立し、住まいをドイツのケルンに移したのです。

私は友人のユニ・カレッジ（翻訳者養成学校）の社長の肥後政夫とともに栗田・坂東事務所に出資しました。ユニとしても彼女とスカウト契約を結んで毎月スカウト料を払い、またそれまでに海外と契約できた日本の著作の管理を委託して応援しました。その難しさがよくわかっていたからです。

今ずいぶん輸出は盛んになったようですが、よく見ていくと中国や韓国をはじめとする東アジア市場の急成長が大きな貢献をしている。それらの国は、そのころは著作権条約に加盟していなかったので、欧米だけの輸出で採算を取るのは、専念しても難しかった。それは今でも変わらないでしょう。

ドイツやフランスは、著作権の輸出を国が援助しています。国がやらないのなら、日本の出版社がバックアップする新会社を立ち上げるべきだと思って、偕成社の当時の社長今村廣に相談しました。それでできたのが昭和五九年に発足した日本著作権輸出センター＝JFCです。今村さんが書協の主だった出版社を口説いた。私も知り合いの出版社に出資をお願いして回ったが、今村さんの貢献なしではできなかったと思います。

振り返ってみて出資はしてくれたものの、日本の大手出版社の著作権輸出への理解は乏しく、栗田さんの苦労はつづいたと思いますね。東アジアの著作権事情が変わり、そこから著作権収入が上がってくるようになるまでは、たいへんだったでしょう。

幻の「神戸ブックフェア」

今でも悔いが残っている出来事があります。一九八〇年代の話になるのだけれど、私はフランクフルトのブックフェアと同じようなものを日本でできないかと考えていました。アジアで初めてのブックフェアです。

目的は、偕成社の今村廣社長と私が発起人にもなった、栗田明子を社長として発足まもない日本著作権輸出センターを、名実ともにナショナル・エージェンシーにして、日本の著作物の海外での翻訳出版を促すこと。

私はその一方、フランクフルトのブックフェアに行かなくても、日本の出版社が国際的副次権売買の実態を体験し、海外の出版事情をじかに知る絶好の機会になりうる。それだけでなく、国際書籍見本市は、秋はフランクフルト、春は日本に定番化させるのは今をおいて他にないと思ったのです。

で、会場として考えたのが東京でなく、神戸か横浜。その提案に乗ったのが、栗田さんの応援団であったこぐま社の佐藤英和社長。彼は神戸大出身で神戸市の有力者につてがあった。私も、京都、奈良に近い神戸がよいと思ったので、佐藤さんにお願いし、一方、海外の反応を探りました。

日本ユニ・エージェンシー前社長長沢立子が協力してくれたのですが、ランダムハウス始め、サイモンなどのアメリカの大手の出版社の副次権の責任者がみんな諸手を挙げて賛成してくれました。彼ら彼女らは、今までフランクフルトに行った帰りに、必ずミラノへ寄ったり、フィレンツェへ行った。それが楽しみだったんです。今度は日本に行ける。しかも、京都と奈良が見られると大歓迎でした。当時の岩波書店の緑川亨社長や地元の創元社の矢部文治社長のおふたりも、応援してくれました。

佐藤さんが話を付けてくれたので、私と日本著作権輸出センターの顧問で友人の元実業之日本社児童出版部長の篠遠喜健といっしょに神戸市を訪ねました。この企画は神戸市でも歓迎されました。神戸開港百二〇年の記念事業として、ポートピアの会場を無料で提供してくれるというのです。何億かの予算まで計上してくれた。もし良ければ継続してやろうということにもなりました。

そこでいよいよ神戸市の市議会を通そうということになったのですが、議会を通す段階で、この企画には日本書籍出版協会（書協）の後援が必要だということになった。お役所ですね。それで偕成社の今村さんを通じて書協に打診したら、意外にもノーだという。

私は神戸市の助役と今村さん、篠遠さんの四人で、当時書協の会長だった講談社の服部敏幸氏の会長室まで頼みに行きました。そうしたら、理事会にはかったが、書協としては池袋のサンシャインシティでやっている「日本の本展」をいずれは国際図書展に発展させようと思っている。その妨げになるし、難しいというのです。

その難しい理由として、理事会は、日本の編集者には英語を喋る人間が少ないこと。東京の出版社がわざわざ神戸まで行くはずがないことをあげたというのです。だが、フランクフルトへ行く手間を考えたら、はるかに近い。それにドイツで通訳できる人間を雇うより、日本でのほうが雇いやすい。どう考えても、納得できるものではありません。

翻訳エージェントが自分のところの利益を考えて企画したと邪推されていることも、私の耳に入ってきました。冗談じゃないと思いましたね。日本ユニ・エージェンシーからは、自分たちが総代理店をしている海外の権利者が、一斉にやって来られたら、対応にてんてこ舞いするといって、当初反対されたくらいです。

結局、この神戸ブックフェアは幻に終わりました。今の東京国際ブックフェアは、実際は、ローカルフェアです。フランクフルト・ブックフェアに参加している主要な欧米の副次権の責任者は、だれひとり参加していません。それに今では北京に、台北に、ソウルにブックフェアができてしまった。

悔やまれるのは、あらかじめ出版界主流に根回ししなかったことです。あとで気がついたのですが、出版界には出版文化国際交流会という外務省公認の組織があって、そこがまがりなりにも受け入れ口だったのに、私はそこを飛ばしてしまったのです。書協の役員の一部がその組織の役員を兼ねていたことや業界事情にまったく無縁な私の失敗です。

翻訳輸出大国だった日本

それに関連して、中国・韓国のことを話します。私が初めて中国に行ったのは、昭和五一年の日中友好編集者会による第一回訪中団の一員としてでした。

それからしばらくしての昭和五四年、日中友好協会の仕事をしていた東方書店社長安井正幸から、中国は米中通商友好条約を結ぶが、そのなかに著作権の保護があって当惑している、だれか詳しく話せる人を探している。あなたに行ってもらえないかと相談を受けました。

往復の旅費は自腹。そのころの日中の文化交流は、みなそうだったんでしょう。中国側も来日するときは、往復の旅費は彼らが持った。もっとも、彼らは公務として来ていましたが。

それで、青木日出夫を連れて北京で四日間、中国各地から集まった出版関係者三百人を相手に、といっても出版は国営ですから全部官僚ですが、ベルヌ条約加盟を迫られて日本はどのように著作権法を制定したか、それ以降ベルヌ条約改正にどう対応してきたか、海外との著作権契約の実務や問題点などについて喋らされました。

そのあと今度は日中出版界の交流を図りたいという話があって、昭和五六年、サイマル出版会社長の田村勝夫が団長、安井さんが副団長、私が秘書長になって成都に行きました。そこで中国の出版社と交流会を開き、それから重慶を経て三峡下りをして南京まで。中国が外国の出版社と集団で交流した事始めでしょう。その関係では、それから二度ほど、私ひとりで訪中しました。

中国は平成四年にベルヌ条約と万国著作権条約に入る。そうなると今度はどのように中国が海外と取り引きするかということで毎年セミナーが開かれました。それにも五、六回ぐらい引っ張り出されたと思います。またこちらも、中国の著作権法の立法者沈仁干さん一行や、出版社を日本に招待もしました。

なぜそれほど中国に力を入れたのか。日中友好編集者会による第一回訪中に参加して、各地の新華書店の店頭に、それこそ本棚を埋めんばかりに日本の著作物の翻訳本が並んでいるのを見たからです。友人のSF作家光瀬龍には、彼の『百億の昼と千億の夜』の中国語訳をお土産に持って帰った。

タイを除いて著作権については無条約状態のアジアでは、日本はそのころよくいわれた翻訳輸入大国ではなく、当時は輸出大国であったのです。見えていなかっただけで、やがては、もっと大きな市場になるはずだと思いました。

昭和六三年に韓国が万国著作権条約に加盟するとき、書協から大韓出版文化協会がセミナーを開くから、行って話してくれないかと頼まれたときも同じでした。韓国もまた、日本の翻訳物で書店の書棚が埋まっていた。

ちょうど全斗煥政権が潰れて盧泰愚政権が成立するときで、ソウルは学生デモで騒然としていましたね。市役所前の地下道は、催涙ガスが残っていて、ハンカチで口を覆ったのを覚えています。

日本ユニ著作権センターの創立と、出版の未来——平成三年〜現在

有料会員制のコンサルタント

最後に日本ユニ著作権センター創立の事情をお話ししておきます。

今までお話ししてきたように、私は編集者時代を含めて四〇年以上、翻訳出版に携わってきました。そのすべての時期を通じて著作権の問題に直面してきた。「翻訳権一〇年留保」はもちろん「戦時加算」の問題も。だからユニ・エージェンシーを利用して海外の作品を翻訳出版しようとする出版社の人たちは、なにかというと私にこの作品の翻訳権はどうなっているかと、聞いてきました。

私はその仕組みを説明し、権利状況を教えます。ところがこれが一回では終わりません。同じ人が同じ作品の翻訳権の保護期間のことを何度も聞いてきます。前に説明したといっ

てもダメで、果ては、日曜日に私の自宅にまで電話して聞いてくる。なんとかできないかと前々から思っていました。

布川角左衛門に何かの折、その話をしたら、それはタダだからだというんです。タダで教えてくれる便利な人がいれば、だれだってそこに頼る。著作権のことを知識として真剣に身に着けてもらうためには、有料にすべきだとアドバイスしてくれました。

布川さんは岩波書店から栗田出版販売に、最後は筑摩書房の管財人にもなった出版界の長老ですし、占領下の著作権法改正にも委員として加わっていた権威です。そのアドバイスが、私の耳に残ったことは確かです。それもあって布川さんには創立時、顧問になっていただきました。

それともうひとつ、翻訳権のことを繰り返し尋ねられるということと同じですが、書協をはじめ出版界が、翻訳権については充分理解して対応しているかということがあげられます。翻訳が出版に占める割合が少なく、書協未加盟の中小出版社が多く手掛けていたせいもあるのでしょう。

私が翻訳権を仲介するのでいちばん苦労したのには、前にも話しましたが、アメリカの著作物の同時公刊の問題でした。アメリカの出版社は、カナダやイギリスと同時公刊をしていることを理由に、ベルヌ条約加盟連合国の著作物に適用する一〇年留保+戦時期間加算を主張して、契約を迫ってくるケースがけっこうあって、その対応に追われたものです。

ところがあるとき、同時公刊で契約を迫られた日本の出版社からの相談があったのかも知れません、書協の著作権関係者が、アメリカ側の過剰な要求だからそれを無視するよう私にいいに来た。

たしかに一九九〇年までベルヌ条約という国際著作権条約に入るのを拒否しておいて、同時公刊でその条約の保護を主張するアメリカはずいぶん身勝手なものです。しかし、条約で認められていることで、「同時公刊のことなんか気にすることはない」は、実務上できるはずはありません。

イギリスでも、英米同時公刊のことが議会で大問題になって、さんざん議論して同時公刊を「やむを得ない」と認めているし、権利を主張してきたのを無視すれば、日本の出版社はそのアメリカの出版社との次のビジネスチャンスを失うことになる。訴えられる恐れもあります。これは困った話でした。

また「一〇年留保」に関しても、ある書籍があって、それは戦前、一〇年以内に契約して翻訳出版されていた。当然、翻訳権は存続します。それを戦後、小さな出版社でしたが、律儀に契約して出版した。ところが他の出版社が、そののちに出た改訂版が一〇年以上経っているからといって無契約で翻訳出版してしまった。

抗議すると、書協の著作権相談室が改訂版の翻訳権は一〇年経っているから消滅しているといったというのです。だから出したというのですが、明らかに書協の相談員のまちがいです。その解決には、汗をかきました。

それからアメリカの著作物の翻訳について、書協の手引書が間違った記述をしつづけ、その訂正にはずいぶん時間がかかりました。戦前、日米著作権条約で翻訳が相互自由であったアメリカの著作物は、平和条約で内国民待遇で保護すると定められたことによるものです。

翻訳自由から翻訳権一〇年留保で保護することに変わったのです。それを書協は講和条約以後刊行されたものから保護の対象になり、以前のものは翻訳自由であると解釈したのです。私も早川書房時代、『ジェニーの肖像』の出版にあたって、その解釈で翻訳出版していたことは、前に話しました。

ところが鈴木敏夫が、『実学・著作権』(サイマル出版会)で、内国民待遇になった以上、平和条約以前の発行物も発行後一〇年を経るまでは契約が必要だと解説したのです。この元原稿は、日本ユニ・エージェンシー発行の「Foreign Publication News」に連載したものので、鈴木さんはこれら疑問な点は、いちいち現行法の立法者加戸守行に訊ねていました。これは、書協が長らく解釈してきたのとは違うから、その反響は大きいものでした。書協の著作権委員のひとりが鈴木さんの意見は間違っていると、わざわざ著作権資料協会時代の「コピライト」に寄稿したほどです。

他にも、ソビエトが万国著作権条約に入ったときに、万国著作権条約は条約締結前にさかのぼって著作物の保護はしないはずなのに、保護すべき著作として発効前の作家の作品を挙げたりしています。この修正にもずいぶん時間がかかりました。

こと翻訳出版になると、その理解が実務者と食い違うのは、著作権法改正（昭和四五年）の際の書協の翻訳権一〇年留保存続要求にも見られました。一〇年留保によって日本が恩恵を受けてきた例に、マージョリー・キナン・ローリングス『子鹿物語』やフェーリックス・ザルテン『バンビ』に美しいイラストを描かせて出版できることをあげています。

これなど一〇年留保してきたそれまでの日本の主張とはかけ離れたものでした。学術書や専門書のような発行部数も少なく、語彙語源のちがう西欧諸国の著作からの翻訳の難しいものを例に挙げて、その必要性を主張すればいいのに、それをしなかったのです。

書協にしろ出版界にしろ、著作権法一般に関しては詳しい人はいるのですが、残念なことに翻訳出版の実務に関わった人はほとんどいない。一方、エージェント側も、著作権を扱っているのに成績重視でその知識を持とうとしない実情がある。これは何とかしなければいけない、と私は考えていました。

私自身五九歳で胃癌の手術をしたこともあって、武富義夫にユニ・エージェンシーの共同代表取締役になってもらい、六五歳定年制という役員規則をこしらえて、身を引く準備をしました。その一方、あと三、四年の間に著作権の知識を広めるための組織を作って、何か少しでもお役に立ちたいと思ったので、布川さんのご意見を容れて有料会員制の著作権相談室となる有限会社を起ち上げる決心をしました。

それで会社の発足に当たっては、まず虎ノ門総合法律事務所の北村行夫弁護士に相談しました。北村さんがその趣旨に大いに賛同してくれたので、資金を出し合い、更に日本ユニ・エージェンシーからも出資してもらい、平成三年に日本ユニ著作権センターを立ち上げました。創立日は一一月六日、私が生まれた昭和三年の同じ日です。

そのころ、北村行夫弁護士とはもう一〇年くらいお付き合いさせていただいていた。日本ユニ・エージェンシーにいた高瀬幸途が、その当時は飛鳥新社に移っていましたが、著作権のことに関心を持っている弁護士がいるけれど、実務上で起きたいろいろな問題を話してやってくれないか、といって北村さんを連れて来た。

北村さんはまだ三〇代だったと思います。あの頃は著作権というのは裁判にもならないし、裁判になってもお金になるようなものではなかった。だから著作権をきちんと取り上げようという弁護士なんてほとんどいない時代でした。私の著作権に対する知識は実務で知ったものです。法律的な裏付けに乏しい。高瀬さんは、よい人を紹介してくれた、ありがたい出会いだったと今でも思います。

北村さんはそれから一年間くらい私のところに通ってきて、私からいろいろな話を聞くようになり、そのあとでいっしょに酒を飲むという関係になった。で、ユニの顧問弁護士になってもらい、ユニ・カレッジという翻訳者養成スクールを始めたときには、講師として著作権の話をしてもらい親しくなっていきました。

当初、センターの著作権相談員として私の頭に浮かんだのは、小学館の豊田きいちと元三省堂の野々村敞です。豊田さんは著作権全般について知識豊富だし、野々村さんは翻訳出版の実務の経験はなかったが、翻訳権についてきちんとした考えのある人でした。

私は野々村さんとは、彼が三省堂の専務時代、アメリカの出版社から依頼があった鈴木大拙の英文著作『Essays in Zen Buddhism』の復刻のことで親しくなりました。紹介したのは、出版労協で出会い、友人となった同じ三省堂の角田栄一です。

野々村さんも角田さんも、書協の著作・出版権委員を務めていた。豊田さんも同じ書協の著作・出版権委員だったけれど、私はむしろ、いっしょに訪中したことでよく知っていました。その豊田さんは、野々村さんを自社の著作権相談の顧問として迎えていた時期があった。それで私は、豊田さんと野々村さんに、センターの著作権相談員になっていただこうと思い、双方に打診しました。

ところが当時、書協の組合運動に関連していろいろなことがあって、野々村さんはそれに関与しているから遠慮してもらったほうがいいと、豊田さんからアドバイスを受けました。私は不本意でしたが、書協に対抗して著作権相談をやろうとしているわけではありません。変に勘ぐられるのはいやだったので、豊田さん推薦の谷井精之助に著作権相談員をお願いして、このふたりと、北村弁護士と私の四人で著作権相談に応じる体制を作りました。

著作権相談のほかにセンターとして、私は会員向け著作権情報誌を出したいという気持ちがありました。また豊田さんはセミナーを提案された。それで著作権相談と「ＪＵＣＣ通信」の発行、それに著作権セミナーの三本柱で活動を始めることになったのです。

著作権知識が、新たな企画を生む

セミナーや「ＪＵＣＣ通信」では元新潮社の出版部長の大門武二に助けてもらいました。大門さんには、セミナーの企画、講師の交渉から司会まで務めていただいた。セミナーの案内の文言の訂正で、大門さんは豊田さんと激しくいい争うほど真剣に取り組んでいただいたと思います。

セミナーでは、今なおつづく春秋の定例セミナーを始めるほか、ときおりの問題を取り上げる特別セミナー、たとえば副教科書問題とか「引用」とかを取り上げて行いました。そのほか、著作権実務を担っている人のために、より専門的なセミナー、少人数の塾や勉強会を開催した。それらのほとんどは豊田さんの企画です。彼の編集者としてのキャリアがそれを可能にしたのです。

私のほうは、中国、韓国、台湾、香港の著作権事情が変わるたびに、私の人脈でそこの著作権実務専門家を日本に招いて、特別セミナーを開きました。それには日本出版クラブの専務理事の大橋祥宏が協力してくれた。大橋さんは、出版クラブ共催ともしてくれました。

まもなく太田出版と組んで、著作権実務者のための本を出版するという大きな柱も加わりました。元ユニの社員で太田出版の社長になった高瀬幸途の助言が端緒です。高瀬さんは、セミナーの講義を本にしたらという提案をしてくれたのです。『クリエイター・編集者のための引用ハンドブック』がそれです。太田出版の岡聡が編集を担当してくれました。その著作権実務書は、岡さんの力添えで、今十数冊に及ぶ［ユニ知的所有権ブックス］に発展していっています。

振り返って見て、民間会社が有料の著作権相談をするというのがなかなか理解されず、今では友好関係にある書協や著作権情報センターから、当初はいろいろ文句や注文をいわれたものです。そのたびに、説明して回ったものです。

創立時は「日本ユニ著作権情報センター」という名前でした。ところが「著作権資料協会」が平成四年に「著作権情報センター」と名前を変えたときに、あちらは文部省管轄下の社団法人だから「情報センター」という名前は遠慮した方がいいといわれて「情報」を取った。それで今の名前に落ち着いたのです。

相談員の谷井精之助は、講談社編集総務部長、民放連著作権部長を歴任して、日本著作権協議会の常任理事に就任していました。その著作権協議会では、谷井さんは全国紙に載った著作権裁判に関する記事を切り抜いて集め、それをもとに全国の裁判所に手紙を書いて判決文を送ってもらい、「著作権判例速報」に毎月載せるという、地味だけれど意味のある仕事をされていた。

その収集した判例は、出版ニュース社から発行されていたのですが、二冊で終わっていましたので、谷井さんは太田出版からの続刊を望みました。太田出版の高瀬さんは、紙媒体でなく、その谷井さんが集めたすべての判例をデータベースにして、CD-ROMにすることを提案したのです。

北村行夫弁護士と太田出版の岡さんが協力して、当時としては画期的な著作権判例のCD－ROM化に取り組み、苦労して完成しました。それはあまりにも早い試みであったので、採算的には成功したとはいえませんが、著作権判例の重要さを世に知らせたもので、その後につながったといえます。

日本著作権協議会が「著作権判例速報」を廃刊すると、代わって私たちが著作権判例を収集し、「JUCC通信」にその要旨を掲載し、判例全文はホームページでデータベースにして、見られるようにしました。そればかりでなく、しばらく前までは近年のものに限られていたのですが、過去に遡って重要判例の掲載を増やしています。

この判例データベースは、センターや虎ノ門総合法律事務所の弁護士さんたちの努力で、重要判例には概要も加わりました。また、すべての判例の一審から上告審までの推移がわかるように工夫されています。私としては、さらにいっそう充実したデータベースになって、著作権相談やセミナーとともに、著作権の実務知識の普及に役立ててほしいと思います。

著作権実務知識は、編集者にとって不可欠なものです。それが新しい企画を生むことがけっこう、見忘れられています。私は、編集者時代も、翻訳権エージェント時代も、著作権相談の中でも、それを実感してきました。オンライン出版の時代、そのことはいっそう要求されるでしょう。日本ユニ著作権センターは、それに応えられる存在になってくれると思っています。

Ⅱ　翻訳権エージェントという仕事

モグリであった翻訳権エージェント

私は長いこと翻訳権エージェントとして翻訳出版に関わってきました。まずいっておきたいのは、翻訳権エージェントは、著作権者の代理人であることです。

その基本的なことがけっこう理解されないで、翻訳権エージェントは、海外の権利者と日本の出版者とのあいだに立って、翻訳出版契約をまとめる業者としてだけとらえられてきた面がありました。それで、日本側に立って交渉する、交渉すべきだと主張されたこともしばしばある。今でもそう考えている人がいるはずです。

なぜそのように翻訳エージェントが考えられたかというと、もうずっと古い話ですが、第二次大戦後の占領期間中は、海外の作品の翻訳権は、一部を除いて連合国軍最高司令官総司令部（ＧＨＱ）が認めたエージェントを通してしか取れなかった。今では考えられないかもしれないが、直接の文通による交渉も困難で、契約金や印税送金もいっさい許されなかった時代です。それを利用するほかなかったのです。

そのなかでアメリカのものを主として、その他話題になったイギリスのチャーチル首相の『第二次大戦回顧録』、グルー駐日大使の『滞日十年』などをあつかったフォルスター事務所が、中小出版社にとっては過大な翻訳印税を強いたものです。それもあって、日本の翻訳出版社には、日本側の利益を代弁してくれる、つまり利用者側の立場に立った交渉人がほしいという強い願望があったのです。

それともうひとつ、今から一二、三年前に著作権等管理事業法ができましたが、それまでは戦前にできた著作権に関する仲介業務法で縛られていて、音楽では日本音楽著作権協会（JASRAC）、文芸では日本文芸著作権保護同盟だけが著作権の仲介業者として認められ、われわれのような翻訳権エージェントは仲介業者としての認可をもらえなかったことがあります。モグリだと揶揄的にいわれたこともある。日本の著作を海外で翻訳出版する契約を進めたときに、著作権仲介業務法違反をいい立てられ、待ったをかける理由にされた苦い経験もあります。

著作権等管理事業法ができて、やっと著作権の仲介業務を一任型と非一任型にわけました。かんたんにいうとJASRACのように使用料をあらかじめ著作権者側と決めておいて集中的に徴収するのが一任型、著作権者にいちいち相談して契約するのが非一任型です。非一任型の仲介をする場合は、届け出も不要になった。

もともと一点ごとに権利者の許諾が必要な翻訳出版契約の業務は、仲介業務法の時代でも法の網にかける必要はなかったのです。仲介業務法でも、対象を一任型の権利者団体に絞っておくべきであったのです。でも法的にはたしかにモグリです。で、長い年月、表だって海外の著作権者の代理人だとはっきりいえなかった。

日本ユニ・エージェンシーの代表を降りる二年前ですから一九九一年になりますが、会員制著作権コンサルタント会社の日本ユニ著作権センターを創ったときに、顧問であった元ＮＨＫの亡き森田正典さんから、文化庁に挨拶に行っておいたらというアドバイスを受けて、文化庁にお邪魔したことがあります。

ところが、翻訳権エージェントが仲介業務の公認を得に来たと勘違いされたのか、当時の著作権課長から、昔のプラーゲ旋風からはじまって、海外著作権使用料徴収でいかにわが国が迷惑したか、それで仲介業務法ができたという法の成立の経緯のレクチャーを三〇分ほど受ける破目になりました。すべてこちらの知っていることで、聞き流しましたが、非一任型の翻訳権エージェントの仕事がいかに知られていないかを、あらためて痛感しましたね。

戦前、ドイツ人プラーゲ博士が摘発した翻訳出版の著作権侵害は、音楽と違ってわずか三点だけです。裁判になったのは、そのうちの一点、エミール・ルードウィッヒの『一九一四年七月』のみ。プラーゲが関わっていた訴訟なのに、裁判記録にプラーゲの名前は出てきません。告訴人はドイツの出版社です。

ということは、プラーゲは音楽についてはいっさい、委任されていたのですが、文芸の翻訳については委任されていなかったし、それで「プラーゲ旋風」が猛威を振るったのではない。当時の日本の外国文学者のプラーゲ反対運動は、過剰反応であったのです。

しかし、戦前、占領下のそういう歴史があるから、翻訳権エージェントは日本側からは少しも日本側の利益を考えていないという非難を被る一方、海外の権利者からは自分たちの利益をもっと強く主張しろという要求を受けて両者の狭間に立っても、あまり自分たちの立場をしめすことはできなかったのです。

ですから著作権等管理事業法ができて、もうお上のおとがめを受けなくても済むようになったときは、ほっとしました。その説明会で当時著作権流通室長であった川瀬眞さんの話を聞いて、フランス著作権事務所の岡田幸彦さんが何回となく認可を得なくてよいのですねと確かめておられたことを今でも思い出します。占領下からですから、岡田さんの翻訳権仲介のお仕事は長いものがあった。それよりも少ない私ですが、痛いほどその胸中がわかりましたね。

戦前のプラーゲ旋風から仲介業務法ができ、さらに占領下ではGHQ公認の外国人エージェントのみ活動が許され、講和条約以降はその仲介業務法によって、翻訳権エージェントが、自分の立ち位置を明らかにできなかった。権利者と利用者の狭間に立って苦労したとお話ししました。

翻訳エージェントの仕事とはなにか

では私にとって、翻訳エージェントの仕事とはなんであったかといいますと、私はそれまでの編集者の仕事の延長と考えてやってきたと思います。私の経験、能力からいって、それ以外の道は取りようもなかったのです。

編集者に代って、海外ではどういうものが出ているかを探し、日本ではどういうものが向くかを判断して取り寄せ、出版社に売り込む。その一方、海外から持ち込まれる多くの著作物を取捨選択して、同じく出版社に推薦する。これには編集者の視点が必要です。

一出版社の編集者であれば、企画自体、やれるものとやれないものがある。翻訳エージェントであれば、企画の幅を広げて、多くの出版社の海外ものの編集に加わることができる。海外から面白い作品を探してきて契約に持ち込み、それが売れていくのを見るのは、たとえ黒子に徹しなければならないとしても、達成感があるものです。

だけれどもその報酬（コミッション）たるや、翻訳出版が実現した本の原著者印税の一〇％です。ベストセラーが出ればとにかく、ほとんどがミニコミ・ミニセールの翻訳出版は、手数がかかる一方で収入はわずかです。しかも、多くの社が翻訳出版をしやすく、さらに継続して増やすためにも、コスト面も考えて高くも低くもない契約条件を私たちは模索しました。

ですから、契約され、さらに翻訳に時間がかかり、出版されてもその結果がさらに先になるバックタイトルが集積されて、それからの印税がコンスタントに入ってくるまでは、たいへん苦労しました。日本ユニ・エージェンシーでの初期の仕事は、もっぱら資金繰りでした。

私たちの翻訳権の仕事には、大きく分けてふたつの種類があったと思います。ひとつは日本の出版社から翻訳権取得の交渉を頼まれ、契約を結ぶ、いってみれば事務的な仕事です。もうひとつはこちらが海外出版情報から選択して取り寄せたものや、先方からの売り込みのものを、日本の出版社に働きかけて成約する。

そのほかに海外の出版社が親会社になって、世界の出版社が共同して編集から始まって印刷製本まで完成するコ・パブ（共同出版）があります。これは翻訳権の仲介も含みますが、輸入業務です。さらにもうひとつ、うまくいかなかったが日本の著作を海外に売り込むことや、日本の著作者の国内での代理をする、海外でいうリテラリー・エージェントの仕事、それら全部含めたのは私たちの仕事だったのです。

アメリカの場合は、エージェントというのは私たちのようなものだけではなく、スポーツであろうと何であろうと、すべてにエージェントがいるのですが、そのコミッションは一〇％と決まっています。それでエージェントはテンパーセンターともいわれます。

もっとも、前にいったように、占領下、日本人は直接海外送金ができなかったことで、GHQが認めたエージェントを利用せざるを得なかった時代には、先方には安い前払金ですませて日本側には高い前払金を課したり、先方には売上部数払い、日本側には検印引き換えの刷り部数印税を支払わせたりしたエージェントがいた。真のテンパーセンターとはいえないでしょう。

ちなみにその時代は印税率も高く、チャーチルの『第二次大戦回顧録』が三五％、当時ベストセラーになったベティ・マクドナルドの『卵と私』が二五％以上などというのもあり、売れれば売れるほど赤が出たとこぼす出版社がいたほどです。講和条約締結後、印税送金ができるようになりましたから、新しい契約は印税率が下がりました。それでも一〇から一五％、それを現在のような六％から八％にするまで、ずいぶん努力を必要としました。
もちろん翻訳権エージェントは海外の権利者からその著作権使用料の一〇％をコミッションとして貰っているのですから、印税率や前払金を下げさせるのは、自己矛盾です。お前、本当に海外の著作権者の代理人かよと、双方からずいぶんいわれた。双方というのは、ひとつは新規参入してきて高い条件を出し、売れているものを奪おうとした日本の出版社側、もう片方は、もちろん、是が非でも成績をあげたい海外のエージェントや出版社の担当者。苦い思いをしたことは数えきれないほどあります。今振り返ってみて、私はよくも痩せ我慢を通したと思いますね。

また印税率が適正と思われるくらいまで下がったあとも、私は、契約のときに支払う印税前払金の高騰を防ぐために、オークション、つまり競りですね、これを絶対にしないこと、また結ばれた契約条件を公表しないことに徹しました。

ただそれをもって、日本の利益をはかったと思われるのも逆に心外です。適正な印税、無理しない妥当な前払い額は、翻訳出版にとって必要不可欠。新規参入してきて、契約条件をあげて、こなせるのかと思うほど契約を結んだ結果、売れない、翻訳が間に合わないというので撤退した出版社もあれば、翻訳ものでものすごい大ベストセラーを出しながら、それでも巨額な契約をしつづけたために、それまで支払った前払金総額を消化できないで、いっとき翻訳出版を止めた出版社もある。その未消化前払印税の長年の累計総額はいくらであったと思いますか。出版社から漏れ伝わってきた話では、十数億円にも上る金額です。

バブル時代だから高騰化が成り立ったのかもしれません。高い額での契約を進めた翻訳権エージェントを新聞紙上で称賛した評論家もいました。私を名指しで非難した「パブリッシャーズ・ウィークリー」には、前払金が高くなるのは出版にとって好ましくないという人間がいる日本は奇妙な国だとさえいわれました。

前払金については、それぞれが自制しないかぎり、高騰化は防げませんが、印税率については、英語から日本語に翻訳するのがたいへんなこと、日本では訳者に印税を払わなければならない事情を訴えつづけました。幸いなことに、日本の出版社の主張が届いて、適正と思える率に落ち着いたと見てよいでしょう。そうでなければ、日本に正常な翻訳権市場はできなかったし、翻訳ものが多く出版されるようになるのはもっと遅くなっていたかもしれません。

日本は「翻訳大国」「翻訳輸入大国」か

翻訳というのは、川と同じように川上から川下に流れていくのであって、川下から川上には流れていかないのです。このことは、日本出版学会賞をもらった辻由美さんの『翻訳史のプロムナード』で、ギリシャ文明がいかにヨーロッパに伝わっていったか、その道筋を明らかにすることで証明されています。

日本が著作権の輸入国、翻訳大国だといって、流れ込んでくるばかりのようないい方がある時期にはされていましたが、実はそうではなくて、昭和三〇年代であろうと五〇年代であろうと、日本のものは中国や韓国に大幅に流れていっているのです。

当時は日本の文化はアジアの中で突出していましたから、やはり川上から川下に流れるような形で流れ出ていった。ただその頃は中国や韓国が著作権条約に入っていなかったから、今みたいにお金は入ってこなかったが、流れていなかったわけではないのです。

韓国では、日本のものは数日あれば翻訳できるといいます。ハングルは、言語の成り立ちというか文法が日本語と同じですから、訳すのは簡単なのでしょう。漢字の本家で漢字という共通項があるという意味では、中国も同じです。この中国と韓国が国際著作権条約に加入する以前、両国の書店の書棚は、日本の本の翻訳書でけっこう埋まっていたものです。だから東アジア圏では、日本は翻訳権無料輸出大国であったといえないこともありません。

それなのに長らく日本は翻訳大国だといわれていました。この翻訳大国というういい方には、翻訳輸入大国という意味以外に、もうひとつ翻訳が盛んな国という意味がありました。それには、欧米文化を取り込んで、追いつけ追い越せといった明治以来日本の国策から連想させる言葉でもあった。

では、日本はほんとうに翻訳大国かというとそうでもない。実情はヨーロッパ諸国間での翻訳と違って、言語的な障害があるものですから、日本はあまり翻訳が盛んな国ではなかったのです。今でこそ大手の出版社がエンターテインメントを盛んに翻訳するようになりましたが、それさえも分野や言語では偏ったもので、数からいっても出版全体に占める割合は一割を越したことはなかった。学術、文化のジャンル、それから翻訳される言語の数で見た場合に、ヨーロッパ諸国間での翻訳は、点数でも言語数でも多岐にわたっている点で日本では考えられないほど多い。もっともアメリカは別です。アメリカでは知識人を除いて一般的には海外文化に無関心で、売れるものしか翻訳されません。

言語的な種類からいっても、今、日本が主に翻訳しているのはアメリカのものですよね。戦前はロシア、フランス、ドイツのものが多かった。このドイツなどでの翻訳状況を見ると、学術書関係を含めて世界のあらゆる国の著作が大幅に翻訳されているのです。というのは言語的に翻訳しやすいわけです。日本では、翻訳が難しく売れないような本は、学者たちは原語で読むことになる。ところが、ヨーロッパでは、それが簡単に翻訳でき、しかも翻訳料は印税払いでなく原稿料払いで安く済むから翻訳はたくさん出せる。

だから、ヨーロッパ諸国間の翻訳に比べても、日本は翻訳大国ではないのです。翻訳大国といわれたのは、戦前、ロシアやアメリカのものは自由、仏独英は「翻訳権一〇年留保」でやろうと思えばたくさん翻訳ができたからです。でも実態を見ると重訳、つまり何人もの人が同じものを訳しているケースが多く、戦前、日本で一番翻訳されたのは、モーパッサンで、これは重訳が多いせいです。ですから日本は翻訳大国でなく、強いていえば重訳自由大国であったのです。

先にもいいましたが、川上川下の問題もありますが、世界の先進諸国は、それぞれ自国の文化を伝えようと努力しています。川上であるアメリカでさえ、レーガン政権時に止めましたが、大使館に文化交換局（ＵＳＩＳ）を設け、「米書だより」を出して自国の著作物の紹介に努め、その翻訳出版に当たっては経済的援助までしていた。原著作権料や翻訳料を出したり、何百もの部数の買い上げを約束して翻訳を促したのです。ドイツやフランスも、専門的な本の他国での翻訳出版には援助しています。

日本でも遅ればせながら十数年ほど前、文科省が「現代日本文学翻訳・普及事業」を始め、それを日本文学出版交流センター（Ｊ－Ｌｉｔ　Ｃｅｎｔｅｒ）にやらせたことがありました。それが定着しだしたころ、なぜかある年、企画競争入札に付して凸版印刷に変え、さらに当時の民主党の事業仕分けで、このプロジェクトは中止させられてしまいました。

これなどを見て日本の場合、アメリカのように国を挙げて持続的に取り組んだわけでないことがわかります。もっともアメリカの場合、そこにはソ連の影響を阻もうとする冷戦下の戦略のもとに進められた面があるのは事実です。その援助も反共的な本に力を入れる一方、アメリカ文学全集を出させたり、ベストセラーになるような本にも援助した。

文科省のプロジェクトはその名にあるように、文学の翻訳です。私は文学の翻訳より広い意味での日本文化を紹介する著作に目的を拡げたら、国の基本戦略に組み込まれたのではなかったかと思います。文学は、サイデンステッカーやドナルド・キーンが川端康成や谷崎潤一郎、三島由紀夫など現代作家の作品や『源氏物語』を翻訳してくれたように、優れたものは日本文学研究家がやってくれます。

かつての東欧諸国、東ドイツやポーランドをはじめとする旧共産圏では、日本文学の研究はけっこう盛んで、主だった現代作家は翻訳されてもいます。それぞれマイナーの出版だったから、知られていないだけの話です。当時の東ドイツは、日本が国自体承認しなかっただけでなく、この国がベルヌ条約加盟国であることも認めなかったので、自由に翻訳出版していたのです。

漫画やアニメが日本文化に関心を寄せるきっかけになっているように、フィクション、ノンフィクションを問わず、エンタメを含めて、日本は自分の国をより理解させる著作の翻訳出版に、文科省に任せるだけでなく、とくに外務省を含めて国策として取り組むことが必要だと思います。それが日本文学研究者を生み出し、翻訳も盛んにするのではないでしょうか。

翻訳権一〇年留保に苦しむ

翻訳権エージェントとしての私がなにかにつけ振り回されたのは、翻訳権一〇年留保です。翻訳権一〇年留保とは、旧法第七条に定められた翻訳権の保護期間のことで、一言でいえば、発行後一〇年以内に、原著者の許諾を得て翻訳出版をしていなければ、著作者の許諾を得ることなく、自由に翻訳してもよろしい、そういう規定です。

現行法で姿を消してしまって、もう過去のことと思われがちになっていますが、著作権法の附則第八条の「翻訳権の存続期間についての経過措置」には「旧法第七条及び第九条の規定は、なおその効力を有する」とされていて、新法の施行以前の一九七〇年以前に公刊された著作物には「翻訳権一〇年留保」が及ぶとしている。

新法が制定されてから半世紀近くなりますが、その経過措置があるため、翻訳出版に今なお大きな影響を与えています。ちかごろでは、オンライン出版（電子書籍）の公衆送信権に及ぶか及ばないかという問題も起きている。

この「翻訳権一〇年留保」は、現行のベルヌ条約パリ改正条約でも認められています。国際著作権条約であるベルヌ条約ができたのは一八八六年、明治一九年ですが、そのころは、活字が主体でしたから、無断でヨーロッパ諸国間で翻訳がなされていることが、著作者にとってはいちばんの悩みの種だった。その翻訳権を各国がお互い保護し合おうというところから、ベルヌ条約は始まっているのです。

といって、当初はどこの国もよその国へ翻訳権使用料を払いたくない。それを何とか条約を作ってその条約に加わらせるために考えたのが最低限の保護で、それが一〇年だったのです。つまり、一八八六年にベルヌ条約をこしらえたときは、今の「一〇年留保」とはちょっと違って、「一〇年経ったら翻訳権が消滅」、つまり「翻訳権の保護期間は一〇年」だったのです。だからみんなでその条約に加わろう、という趣旨で入った。だがその保護期間でもいやだという国が出て、九ヵ国しか入らなかったのです。

その次のベルヌ改正条約（一八九六年パリ追加規定）のときには、一〇年以内に翻訳されたものについては、翻訳権の保護期間を他の著作物と同じように死後三〇年にしようということにした。ただし、一〇年以内に翻訳されなかったものはそのまま消滅です。だんだんに保護の基準を上げていった。

そして、その次のベルリン改正（一九〇八年）で「翻訳権一〇年留保の制度」ができる。つまり、「翻訳権の保護期間を一般の保護期間と同一とする」と定めたうえで、「一八八六年の創設条約及び一八九六年のパリ追加規定の条項を適用することができる」、つまりその条項を適用するという留保宣言をすれば、一〇年以内に翻訳されていないものは翻訳権消滅として出版できるとしたのです。

その次に来たのが、「一〇年留保」は完全になくす、つまり一〇年経っても翻訳されていなければ自由になるということも止めよう、というローマ改正条約（一九二八年）での提起でした。その段階で日本は待ったをかけたわけです。日本だけでなく、オランダ、それに北欧の何ヵ国かが、やはりちょっと待ってくれよといった。

当時アジアでベルヌ条約に入っていた国は日本だけです。もともとベルヌ条約に入ることについても、日本の出版社は大反対だった。明治、大正のころは、著作権制度を利用していたのは出版界だけで、映画も放送もレコードも、発足も普及もしていなかった時代ですから、出版社の反対がいちばん大きかった。

そもそも明治政府は、幕末の不平等条約を廃止するために、ベルヌ条約（著作権）やパリ条約（工業所有権）などの知的所有権条約に入ることを強いられたのですから、日本の出版社は不平等条約撤廃の犠牲になったという被害意識がそのときからあったわけです。「翻訳権一〇年留保」を完全に無くそうとしたこのローマ改正条約のときも、日本とオランダは、ギリシャやユーゴスラビヤとともに最後まで反対した。ベルヌ条約の改正は全会一致がルールですから、それで引き継いで一〇年留保宣言ができることになった。それは今でも、ベルヌ条約に認められている権利です。こういういきさつを持つのが、「翻訳権一〇年留保」なのです。

「一〇年留保」のいちばんの問題は、附則第八条によって一九七〇年以前の著作物については「翻訳権一〇年留保」を使って自由に翻訳出版されているものがけっこう多く存在するということです。このなかには二種類あって、一種類は「一〇年留保」を使って翻訳出版してもやむを得ないような学術関係の本があります。ところが、もう一種類、文庫に入るような本、いわゆるエンターテインメント系の書物で「一〇年留保」を使って翻訳されている本がけっこう多いのです。それをまず前提としておいてください。

エンターテインメント系の本の「一〇年留保」については、ハヤカワ・ポケット・ミステリの創刊にかかわった人間として、いっておきたいことがあります。あの当時というと、旧法時代ですが、もし「一〇年留保」がなかったら、あの企画はあり得なかったということとです。ミステリやＳＦを出す出版社は潰れるという今では考えられないジンクスがあり、事実その当時、それらを出した出版社はけっこう倒産していた。だからエンターテインメントであっても、かつては「一〇年留保」は必要だったし、それがあったから今日があるのです。

翻訳権一〇年留保とオンライン出版

著作権情報センター（ＣＲＩＣ）の相談員をされていた元ＮＨＫの原田文夫さんは、著作権ではよく議論し合った仲間でした。彼は私が出版社の人間でもないのに、私が出版社を代表しているかのように、出版者の権利やその他について、議論を仕掛けてくるのです。なかでも激しくやりあったのは「翻訳権一〇年留保」でした。

原田さんは日本の出版社が「翻訳権一〇年留保」しているのはおかしいということを前々から主張しておられた。なぜかというとＮＨＫは、放送には「翻訳権一〇年留保」は適用されないとして、出版社側が「一〇年留保」で自由に翻訳出版している海外の作品でも、放送する場合は翻訳者だけでなく、海外の権利者の許諾を取っていたからです。

現行法の立法者のひとり、加戸守行著『著作権法逐条講義』によると、加戸さんは無形なものには「翻訳権一〇年留保」が及ばないとされています。新法成立に際して書いた「逐条」の初版からそう書かれているのです。NHKはそれを根拠に権利をクリアされていたのでしょうね。

これには、裁判例として「デール・カーネギー事件」があります。騎虎書房とデール・カーネギー・アンド・アソシエイツ・インコーポレイテッドとの争いです。

ここで問題になったのは、デール・カーネギーの『人を動かす』の放送用脚本の翻訳に「一〇年留保」が適用されるかどうかです。『人を動かす』のオリジナルの方は、昭和一二年（一九三七年）、アメリカで出版されてまもなく、大阪の出版社、創元社が抄訳を出版しました。当時は日米間翻訳自由でしたが、占領中に契約して講和条約後も律儀にもずっと履行しつづけたことで、権利を保持することができているものです。

ご存知のようにこれは大ロングセラーです。どの出版社でも真似をしたい。戦時期間加算がなければ権利消滅ですから、鵜の目鷹の目でなんとか出そうとする。この作品はデール・カーネギーがその後、放送用に書き直し、ラジオ放送しました。題名は同じですが内容は違います。騎虎書房という出版社が、その書き直した放送台本に基づいて翻訳し、「一〇年留保」が適用されるとして出版しました。

それで裁判になったのですが、裁判では、放送されたものには「一〇年留保」は適用されないということで騎虎書房が負けました。『人を動かす』の放送台本は、アメリカでは出版されていません。放送されただけです。つまり「一〇年留保」は、放送には及ばないこととされたわけです。

近年になって新たに出てきた問題は、送信可能化権です。送信可能化権に「翻訳権一〇年留保」が及ぶか及ばないかという問題です。送信可能化は、自動公衆送信しうるようにすることです。自動公衆送信は、著作権法では公衆送信のひとつで、放送もまた公衆送信のひとつです。

この問題があるので、書籍の送信可能化（オンライン出版、もしくは電子書籍）を進めるにあたって、日本の出版社は躊躇せざるを得なくなったのです。「翻訳権一〇年留保」を使って自由に翻訳出版している作品の、送信可能化をどうするか。

「翻訳権一〇年留保」が送信可能化権に及ぶのであれば、権利消滅したとして発行している翻訳著作物を、そのままオンライン出版してもかまいません。しかし、送信可能化権に「翻訳権一〇年留保」が及ばないとすると、権利を取らなければなりません。その場合、送信可能化のほうだけ取って、活字のほうは取らないということについて、海外からクレームがくるおそれがあるでしょう。

それで出版社は、「翻訳権一〇年留保」で権利消滅として出している文庫などを、電子書籍として原権利者に無断で配信することは危険である、灰色であるということで、自制しているのが現状だと思います。

すでに「翻訳権一〇年留保」が公衆送信権に及ぶという解釈のもとに、権利者の許可を得ないで、訳者から許可を得てネットに載せ始めている業者がいます。それに対して、ある海外の作家の全作品について、「翻訳権一〇年留保」で権利が消滅しているかどうかに関係なく、翻訳とオンライン出版の双方の権利を取得した出版社が、抗議したことは聞き及んでいます。

ただし、裁判で争って決着を付けなければならないほど、オンライン出版は、今のところ盛んではなく、利益を生まないのでそこまではいっていないようです。だがそんなこんなで、オンライン出版（送信可能化権）をめぐって今、「翻訳権一〇年留保」が改めてクローズアップされてきたという次第です。

一〇年留保への海外の反発

「翻訳権一〇年留保」を使って翻訳出版する場合に、海外の権利者には断りません。断れば必ず先方は翻訳権を取れというに決まっているからです。それをわざわざいってしまっために、あるいは何かで向こうが知ってしまったために、先方が駄目だとか権利を取れといってきたケースはけっこうあります。というのは、海外では日本が「翻訳権一〇年留保」を適用して一九七〇年以前発行のものを自由に翻訳出版していることが、ほとんど知られていないからです。日本側でも弁護士さんにも知らない人が多くなってきているから、わざわざ先方に問い合わせたりすることで、かえってトラブルを引き起こす。

日本の出版界は「翻訳権一〇年留保」をめぐって、国際的にある約束をした事実があります。一九七六年に第二〇回国際出版連合（ＩＰＡ）京都大会が催されました。そのときに、イギリスの出版協会が「翻訳権一〇年留保」についてきびしく日本の書籍協会に抗議したのです。著作権法を改正したときになぜ旧法時代発行の著作物にまで遡って、全面的に「一〇年留保」をなくさなかったのかと。

書協はたじたじとなったようす。当時アジアでベルヌ条約に加盟していたのは、日本とタイだけです。タイは開発途上国かもしれないが、日本はそうではない、出版先進国ではないかと攻め立てられると、いくら西欧諸国間と違って、日本語は言語体系が違い、翻訳に困難さがあるので「翻訳権一〇年留保」が海外文化を吸収するのに役立ったにしても、答えに詰まりますよね。それで書協は、条約上も法律上も権利を取らなくてもいいのだが、海外から契約を交わすよう申し入れがあった場合には「良心的かつ公正な態度」で対処すると答えた、というかそう答えざるを得なかったわけです。

ずっと後のことですが、「翻訳権一〇年留保」で許諾を取る必要がなかったのに、訳者が原著者に連絡したため、イギリスの出版社が契約を求めてきた手紙で、書協がその大会で「良心的かつ公正な態度」で対応すると答えたことを知りました。調べてみると、その時点、書協は会員社に書面で知らせていました。ただ出版社は、それほど重要なものとは考えなかったのでしょうね。

書協は会員社にそれを伝えただけでなく同時に、本文が「翻訳権一〇年留保」に該当して権利が消滅しているものであっても、付随するもの、つまり図版や挿絵や写真は翻訳するものではないから一〇年留保が及ばないこと、だからといって付随物の許諾を求めれば、先方は本文の権利を取れといってくるから用心して、慎重にするようにといった「ご連絡」を出していました。つまり、配慮を欠いて、無用なトラブルに巻き込まれるなということでしょう。

しかし無用なトラブルを避けようとしても、オンライン出版（送信可能化）の権利を取ろうとした場合、先方の権利者が活字媒体の権利を取らないのはどういうわけだ、それも取れといってくる可能性は充分考えられます。それに対してどう対応したらよいのか。

翻訳権一〇年留保が及ぶのは、一九七〇年以前に発行の著作物ですから、それらの著作を翻訳する機会は減ります。ときの経過とともに、一〇年留保問題は、やがて消え去ると思われがちですが、著作者の権利は現在でもその生存間と死後五〇年の長きに及びます。書協はＩＰＡへのかつてした返事を踏まえて、翻訳権一〇年留保が送信可能化に及ぶかどうかを含め、考えておかなければならないと思います。

文化庁は一度、附則第八条をなくそうとしたことがあります。平成六年（一九九四年）秋の臨時国会に提出まで予定されていたのです。世界貿易機関（ＷＴＯ）ＴＲＩＰＳ協定（知的所有権の貿易関連の側面に関する協定）との整合性のためだと聞きました。私にも事前に担当官から相談があったので、とにかく実態をよく調べてから踏み込んだほうがいいと申し上げた。この年の七月、書協が会員社に「附則第八条で出している出版物の調査依頼状」を送った。つまり「翻訳権一〇年留保」を利用して発行している翻訳書の実態を調べようとしたらしいのですが、それはこの附則第八条廃止法案のためだったのでしょう。その調査がどのようにされたか、どのような結果が出たのかは、教えてもらえませんでした。

しかし、担当官の知らせによると、「たいへんな数です。もし附則第八条をなくしたら、競合して三種類も四種類も発行されている翻訳書の場合に、どこかひとつが契約して権利を取ったら、他の出版社は出せなくなります。これは大混乱になります。何か考えなくてはなりません」ということでした。

私はそのとき、この担当官から聞いた内容から、その競合は売れるもの、つまりエンターテインメント系の作品を指しているのだろうと推測しました。やはり重訳大国はつづいているのです。それにしてもあまり深刻に受け止められていないせいか、出版社からはなにも伝わってこないもどかしさを感じもしました。それに書協は書籍の総売り上げから見れば、出版界を代表する団体かもしれませんが、すべての出版社が加盟しているわけではなく、零細出版社は、ほとんど加盟していませんから、彼らはことがそのように進んでいることも知らないし、問題だと思いました。

幸いなことに、附則第八条存続を要望する働きかけが功を奏して、廃止法案は見送られたという報告が出版社に届いたそうです。だいぶ経ってから担当官がいってきたのは、すでに刊行されているものはパブリック・ドメインのままにして、今後翻訳するものについては、一〇年留保は適用しないという案まで検討したけれど、会議の結果、見送られたということです。

そうまでして附則第八条を廃止するべきかと思いましたが、それよりも出版界は、これを契機に翻訳権一〇年留保だけでなく、戦時期間加算問題をも併せて考えるべきだと思いました。でも、やはり翻訳は、出版界全体では、その時点でもマイナーな問題だったのでしょうね。あまり議題にのぼることなく、二〇年近くときが過ぎてしまいました。

そして、今度の送信可能化権でもう一回火がついたということなのです。さらにTPP（環太平洋パートナーシップ協定）で、保護期間の延長が迫られそうになって、サンフランシスコ平和条約による戦時期間加算についても、日本はあまりにも不当な扱いを受けたのではないだろうかという問題まで、浮上してきたというのが最近の状況なのです。

「翻訳」がらみの裁判

さきほど「デール・カーネギー」の裁判の話が出ましたが、「翻訳」がらみの裁判はどれほどあったかというと、あまり裁判沙汰にはなりませんね。ロシアの学術書で、翻訳が正確でない、誤訳だらけだということで、裁判になったのはあります。その時代は、まだロシアが国際著作権条約に加入していなかったこともあって、あまり問題にならなかった。

判例集に初めて翻訳関係で登場したのは、『平家物語』の英訳で、助言者が共訳者になりうるかという事件[*1]です。つぎは、持ち込んだ翻訳と同じものを、たまたまその社がすでに他の訳者で出版予定であったために起きた翻訳剽窃事件[*2]です。持ち込んだ訳者は、自分の独創性ある訳文と同一の表現があるとしてそれらを列記し、翻訳著作が侵害されたと主張して裁判を起こした。いずれも翻訳者同士のトラブルでした。

その他、引用ではなく翻訳の一部を勝手に使われたとか、翻案して利用されたという事件は、けっこうあります。ただ翻訳権のある場合、それらのほとんどは翻訳権エージェントが入っていますから、エージェントが仲に入って、やめさせたり、使用料を取ったりして、海外の権利者に知らせることもなく終わるのがほとんど。だから裁判沙汰になったことは、私の経験ではありません。

翻訳は多くの場合マイナーの出版物ですから、弁護士を使ってやるよりも、実利を取ったほうがいいわけです。権利者側も、弁護士を使って裁判しても、その費用に合うようなお金が得られるかということもあるのでしょう、裁判沙汰にすることを好みません。「チーズvsバター」事件[*3]も、アメリカの著作権者が委任状をなかなか寄こさなかったので、翻訳者と扶桑社が訴えざるを得なかったのです。

裁判所は扶桑社の出版権侵害の訴えを退け、翻訳者の翻訳著作権の侵害のみ審理して、先の翻訳剽窃事件で訳者が主張した独創性ある同一の表現があるかどうかで判断した。そのために誤訳していた箇所を、それにあたるなどとするおかしな判決になってしまった。

これなど、著作権者が訴えを起したら、もっとすっきりした判決が出たはずです。もっとも費用や面倒さだけでなく、アメリカでは言論の自由から批判的利用にあたるパロディは許されるので、訴えることをためらったのかもしれませんね。

海外の著者による契約不履行や二重売りでは、苦い思いもしています。有名著作者の場合、シノプシスだけで契約することが多い。ところが前払金を払って契約したにもかかわらず、原稿が送られてこない。やっと送られてきたら、複数の作品のうちの半分がすでに他社から出ているものだったというようなケースです。前払金を返してくれと要求しても、逃げまくる。アメリカで裁判することは、泥棒に追い銭です。

海外の著作権で問題になったひとつに、『ゲバラ日記』があります。キューバでカストロ政権ができたころの話です。その前のバチスタ政権の時代は、キューバは万国著作権条約に入っていたのですが、カストロは、バチスタ政権が結んだ条約はすべて認めないという宣言をしている。そういう時期にチェ・ゲバラの『ゲバラ日記』が出たのです。それでこの本に対して、翻訳権を取って翻訳を出したところと、カストロの宣言に頼って権利を取らないで出したところと両方あって、三種類か四種類の翻訳が出たはずです。

その当時のキューバ政府も何も文句はいいませんでした。お金を払うというところからはお金をもらったが、払わないところに対しては何もいわなかった。ところがその後だいぶたって、キューバはベルヌ条約に入る。するとベルヌ条約は過去に遡及するし、正式に万国著作権条約を脱退していないといって、今まで黙認していたところに抗議してきました。結局、出しつづけていたところと契約を結ぶことで解決しました。

それからもうひとつ、死亡年の問題がありました。ナチの収容所でいつ死んだかということが問題になったのですが、これなど裁判で、死亡推定年よりずっと遅い死亡年が確認され、パブリック・ドメインということで出していた出版社をあわてさせましたね。

＊1　英文「平家物語」事件　S55.6.26 大阪高裁
＊2　「サンジェルマン殺人狂騒曲」事件　H4.9.24 東京高裁
＊3　「チーズはどこへ消えた？」事件　H13.12.19 東京地裁

翻訳を取り巻く環境の変化

たしかに翻訳を取り巻く環境も変わってきているのかもしれません。自動翻訳装置などもできて、コンピュータが人間に代わり得るという議論もある。はたしてそうでしょうか。

翻訳者のためにいうわけではないが、とかく翻訳自体に創作性があることが見失われがちだということを指摘しておきたいと思います。

例をあげていえば、だれが翻訳しても同じ文章になるものではないことは、『八月の光』というフォークナーの代表作をとってもよくわかります。これが全集で出たときに、新潮社版と河出書房版で問題になった。なぜかというと、どちらかの版の分量は、もうひとつの社の版の三分の二なのです。それで抄訳だという攻撃があったけれど、それに対して訳者が、こちらのほうが正確であると応酬した。長編小説の場合には、訳者によって分量が三分の二になるくらい違うものになる。そこに翻訳の創作性があるのです。

自然科学はさておいて、翻訳には、先方の歴史や文化だけでなく、その創作時の風俗流行まで熟知した上で、それに適応する文章にしなければならない。辞書にある訳語をそのまま書き写すわけではないのです。ミステリーの翻訳者で知られている宇野利泰氏は、下訳者に原書の発行時のウェブスター辞典を参考にするよう勧めたそうです。それほど、翻訳は対象の原書の時代をよく知らなければならないのです。

もちろん今や、将棋や碁の世界でコンピュータが勝つようになっているのですから、学術的な自然科学の場合、コンピュータに科学関係の用語を教えこめば自動翻訳ができるかもしれない。それを完全に否定するわけではありませんが、日本の基礎科学の優れた独自の発達は、学者の科学用語の造語によるという説もあるぐらいで、そこにはカタカナ文字にするだけではない、創作的な翻訳が働いたと見てよいのではないでしょうか。

自動翻訳は、コミュニケーション的な翻訳であればとにかく、文芸の翻訳では下訳で終わらざるを得ないし、むしろ人間が、その力を借りてより良い翻訳ができるようになるのではないかとさえ思います。

「翻訳権一〇年留保」についていえば、翻訳というのは、財産権の主張より、文化交流という大義名分があった。だから、翻訳は自由であるべきであるという考え方があったわけです。しかし翻訳権を原著作者の権利として守るべきだということで、ベルヌ条約ができて、まず一〇年間保護しようということになった。それが一般の著作物の保護になっていったのは、出版がかつてのミニプロ・ミニセールからマスプロ・マスセールに変わってゆき、翻訳出版する側にとって、非独占より独占のほうが継続して出版をしつづけていく点でも利益の面でも好ましくなってきたせいでしょう。つまり翻訳も、独占の利益を得たほうが好ましくなってきたということです。

そのなかで、次第に「翻訳権一〇年留保」が古色蒼然としてきた。「一〇年留保」をしていたオランダが、なぜベルヌ条約ブラッセル改正のときに「一〇年留保」を放棄したかというと、「出版社は独占したほうが利益がある」ということにオランダは気がついたのだというのです。

日本では独占する利益より、言語体系の違いからの翻訳の難しさを理由に、翻訳の自由を主張して頑張ってきた。だが翻訳ものが売れるようになってきた場合には、独占したほうが旨みが出てくる。日本の出版社も、今は「独占していることの旨み」はわかってきているのです。

ただ日本の場合、「翻訳権一〇年留保」の完全撤廃に踏み切れないのは、実は翻訳出版が出版のメインになっていないマイナーの存在であることと、オンライン出版（電子書籍）の将来像がいまだにつかみきれないせいもあるのではないでしょうか。だが、紙出版を凌駕して、オンライン出版が主流になるかもしれないのです。

しかも、ＥＵとアメリカは、著作権の保護期間を著者の死後七〇年に延長しました。また、かつてアジアでベルヌ条約に加盟し、国際的に著作権を保護していた国は、日本とタイだけであったのに、今ではすべての東アジアの国が国際著作権条約に加盟し、しかもどの国も加盟の際、条約で認められている翻訳権一〇年留保の宣言をしませんでした。

それら東アジアの国との著作権取引が活発になり、しかもオンライン出版は、国境を越えて発行されます。国際基準での著作権保護は、当然のこととして、迫られるはずです。「翻訳権一〇年留保」の完全撤廃に踏み切れないとしても、オンライン出版への対応は急がなければならないでしょう。

＊本稿は、著作権情報センター発行「コピライト」二〇一三年八月号掲載のインタビュー記事、著作権談話室「電子出版時代の到来と翻訳権一〇年留保の現代的課題」を、インタビュアー杉村晃一氏のご了解を得て加筆改稿したものです。（著者）

Ⅲ 遠いアメリカの出版界

実務で知った出版事情

私が翻訳出版にかかわったのは、出版社に入社した一九五二年（昭和二七年）からである。さらに翻訳権エージェントに転職したのだが、当初から数えると半世紀にわたる。

そのほとんどの交渉相手は、アメリカの出版社や著作権者であった。当然、私はアメリカと日本の出版文化の違いからくる、数々の疑問や障害に直面せざるを得なかった。契約、印税の条件、支払い方法やオプションに典型的に象徴される出版慣行の違い、出版社の吸収合併、副次権の問題など、それは多岐にわたった。

当時の私にとってのアメリカの出版は、毎年二回送られてくる、カラフルな春秋の近刊カタログであった。早いもので三ヵ月後、長いもので半年以上先に出版される著作の刊行案内には、それぞれの出版社の性格があらわれていて、それを読むのは楽しかった。一冊ずつ、表紙や時には収録されているイラストなどの写真を挿入した一頁一頁の記事を食い入るように読んで、日本の出版社に紹介したい著作を選び出し、リクエストした。

やっと、戦後が終わったといわれた時代である。その豪華な近刊カタログに、私はまず圧倒された。常盤新平さんに倣っていえば、私の『遠いアメリカ』であったのである。貧しかった時代だけに、その思い出は強烈であった。

その近刊カタログが、書店からの注文を取るためのもので、しかも書店担当の営業マンを集めて開く五月と一二月のセールス・コンフェレンスまでに製作して、編集者が説明をする。そして発行前に書店から注文をとる大きな武器であることを知ったのは、一九七〇年(昭和四五年)、当時ハーパー・アンド・ローの副社長で一般書(トレイド部門)担当のパブリッシャーであった赤石正氏を日本に招いて、セミナーを開いたときである。

もと牧師で日本生まれの赤石氏が、ハーパー社の編集部門の責任者になったことでも、当時のアメリカ出版界が、多様な文化を受け入れ、活発に出版活動に取り組んでいた様がわかる。私は、セミナーの前に、当日同じくお話を願う、今は亡き未來社社長(当時)西谷能雄氏を赤石氏に引き合わせ、夕食をともにしながら、日米の出版界の現状を話し合ってもらった。セミナーで何を話したらよいか、両氏、とくに赤石氏に判断してもらいたかったからである。

おふたりは、原稿審査から始まって、委託でありながら責任販売のアメリカのシステムと未來社の注文買取り方式、原価計算、在庫の評価方式、印税の支払い、果ては税金まで、話は夜半近くまで及んだ。日米の差があまりにもあって、最後まで交わることはなかったが、それぞれ相手の実情をご理解し合えたと思う。

赤石氏は、それをもとにレクチャーした。私はそのとき初めてアメリカの出版社の編集や販売の実態を知ったのだった。出版社は、新人を発掘すると、次作のオプションを与えられることで、他社から横取りされることはない慣行や、雑誌やマス・ペーパーバックと、単行本やクオリティ・ペーパーバックとは、流通も全く違えば、出版社も違えば販売方式まで違うこと。

とくに驚いたのは、書籍の場合、販売が一部、零細書店や特殊なルートを扱う取次を経由するほか、出版社が書店に委託するのに、直接、配本・集金までしていること、マス・ペーパーバックに複製権を売ったり、ブッククラブに選ばれたり、図書館で購入されることが、アメリカの出版の質を支えていることなどであった。

当時、日本でも始められたブッククラブは、出版社印税に通常の印税を上積みしたり、書店を経由して頒布するなど、赤石氏から聞く欧米のブッククラブとは、根本的に違っていた。なにものにもまして、アメリカでブッククラブを可能にしていたのは、日本と違って、複製権が出版社に譲渡（移転）されていたからである。また、期限付きであるにせよ、この複製権の譲渡があるからこそ、出版社の合併吸収は、双方にメリットがあったのである。

私は、赤石氏のレクチャーのテープ起しを整理して、さらに疑問点を彼に確かめながら、赤石正著『アメリカの出版界』(出版同人)に纏めた。そのことがなければ、翻訳権仲介業務をいくら長くつづけ、アメリカに行こうとフランクフルトのブックフェアに出ようと、アメリカの出版事情と日本のそれとに、根本的な違いがあることに気がつかずに終わっていたであろう。

柏書房芳賀啓社長から勧められ、本書のゲラを読んだとき、翻訳権エージェントの現場から退いて一〇年にもなるので、予想を超えるアメリカ出版界の激しい変貌に、まず驚いた。またそれだけでなく、私がかつて、『遠いアメリカ』の出版界としてきたもののなかに、実像と虚像が入り混じっていたことに気がついた。さらに、自らの翻訳権エージェントを立ち上げてからの、空しいとまでいえる数々の経験の、よって来るものが何だったのかが、鮮明に浮かび上がった。最初の読後感は、正直いって、いろいろな思いが錯綜した。

この本の著者、アンドレ・シフレンに会ったことはないが、パンセオン社の社長であり、今はニュープレスを創業し、アメリカで数少なくなった独立系出版社ノートン社に販売を委任して、活発に出版活動をしていることは知っていた。

なによりも私の長年の友人Sが、原書で読むことにこだわり、突然の病のため、読み残していた最後の章を退院直後に読み終え、その感想をメールで送ってきた、ジョン・ダワーの『敗北を抱きしめて』の版元の社長が、シフレンである。このダワーをはじめ多くの有力な著作者が、ランダムハウス傘下のパンセオン社社長を辞めさせられ、財団などからの資本を集めて創ったシフレンの小出版社をあえて選び、本を出しつづけていることは、彼の傑出した才腕と魅力がなければ可能でなかったと思われる。

このパンセオン社には、私は思い出がある。翻訳権エージェントになって、初めて契約を仲介したアメリカのベストセラーズの一点、アン・リンドバーグ『海からの贈物』が、パンセオン社から出されたものであったからである。またのちに暗殺されたが、特異な出版をつづけていたイタリアの出版者、フェリトリネリが発行した、ボリス・パステルナークの『ドクトル・ジバゴ』やジュゼッペ・ランペドゥーサの『山猫』を、アメリカで翻訳出版してベストセラーにしたのも、パンセオン社である。私は、日本で翻訳権を売る際、フェリトリネリ社からその情報を得た。

当時の私は、パンセオン社こそ、絶えず質の高い出版物を追い求めつづける、世界に窓を開いた、きわめてアメリカ的な出版社という感じを持っていた。だが、本書を読んで、私の感じていたことは虚像で、パンセオン社は、むしろ、当時のアメリカでは主流とはいえない社であり、意外な出自を持っていたのを知った。

アンドレ・シフレンを育てたパンセオン社

パンセオン社を創ったのは、アンドレ・シフレンの父ジャック・シフレンであった。ロシア生まれのユダヤ人で、第一次大戦後、フランスに渡り、出版社を起こし、古典文学を紹介する［プレイヤード叢書］を刊行した。のちにこの叢書を持ってガリマール社に移るのだが、フランスの敗北によって、ナチの意向で首になったジャックは、妻と六歳の息子アンドレを連れてカサブランカに逃れ、一九四一年ニューヨークに渡る。このジャックの亡命を助けたのは、ともにソビエトに行き、共産主義に幻滅した親友アンドレ・ジッドだったという。

そのジャック・シフレンが、同じくドイツから亡命してきた、クルト・ヴォルフと起こした出版社が、パンセオン社であった。当然のこと、ふたりはドイツ語とフランス語の本を主として発行した。ジッド、クローデル、ベルナノス、カミュ、ケッセル、ブロッホなどの著作である。そして、ブロッホの『ウェルギリウスの死』の出版にあたっては、英語版ドイツ語版それぞれ千五百部ずつ刊行したように、次第に英語の翻訳出版に力を入れるようになっていく。私にとって意外だったのは、ドイツ語版はすぐに売り切れたにもかかわらず、英語版の方は在庫がなくなるまで二〇年以上もかかったという。つまり、伝統的なアメリカの孤立主義のもと、大衆は、戦時下であったこともあって、ヨーロッパの文化に興味を示さなかったのである。

だが、その当時でさえ、ニューヨーク・タイムズの書評家、レーマン・ハウプトは、パンセオン社には、儲かることを期待して刊行された本がただの一冊もないとし、「どの本をとっても、重要な文化価値あるいは明らかな芸術的価値があるだけでなく、知性と精神が窮地にたつこの難しい時代にあって解決の糸口を見出そうとする誠実な努力が示されている」と激賞したという。

このヨーロッパの知性を紹介しつづけたパンセオン社の姿勢を、さらに広げていったのが、本書のアンドレ・シフレンである。といって、アンドレは父からパンセオン社を引き継いだのではない。ジャックは一九五〇年に死に、ヴォルフは同じドイツ人に経営を譲り、パンセオン社そのものは、一九六一年、その前々年にクノッフ社を買収したベネット・サーフのランダムハウスに、百万ドルに満たない額で買収されていた。アンドレが、パンセオン社に入社したのは、その翌年の一九六二年で、彼が二六才のときである。彼はそれまで、アルバイトからそのまま社員となってニュー・アメリカン・ライブラリーの営業部で働いていた。

入社して一年足らずで、彼は編集担当役員《エディトリアル・マネージャー》に、ついで社長になった。この一九六二年、彼の説明では、長くつづいたマッカーシズムのため、アメリカの知的世界は壊滅的打撃を蒙り、思索的な創意に富んだ出版とは無縁な時代であったという。たしかにパンセオン社が出版する前は、E・H・カー、E・P・トムソンなど多くのヨーロッパの知性が紹介されていなかった。しかし、先の戦時下と同じく、この時期の知的鎖国ともいえる状況にアメリカ出版界があったことに、私は衝撃を受けると同時に、当時を振り返って納得がいった。だからこそ、ランダムハウスは、かつてのクノッフ社のような、より知的で国際的視野に立つ出版の可能性を彼に求め、責任を任せたのであろう。

彼には、その期待を抱かせる資質と環境があった。彼は出版人である父の背中を、見て育った。パンセオン社そのものであったのである。それに加えてマッカーシズム時代、アメリカで欠落した知的刺激を喚起するヨーロッパの著作者へのコネが、彼にはあった。

その彼がなにを出したか。フーコー、チョムスキー、ミュルダール、デュラスをはじめとする多種多様な著書については、本書に詳しいが、アメリカでは著名でなく、その種の出版が少ないイギリスの歴史学者の著作物を、僅か千五百部からスタートし、六万部以上売り、今なお増刷を重ねているという話には感動さえ覚え、出版社はかくあるべきであると思った。

私は、なによりも彼に親近感を覚えたのは、他の正統派のアメリカの出版人と違い、たえず目を海外に向け、著作権担当者に任せるのではなく、自らが毎年ロンドン、パリにおもむき、出版社だけでなく、書店を回り、あるいはフランクフルトの書籍展に参加し、出版に値する著作物を見つけていたことである。その目線は、私たち翻訳権エージェントとまったく同じである。

私がびっくりしたのは、硬派の出版物以外に、彼の社を救ったと思われるタイトル、スウェーデンのペール・ヴァール、マイ・シューヴァルによる『殺人課主任警視マルティン・ベック』シリーズと、劇画タッチの「フォー・ビギナーズ」シリーズを出版していたことで、それらはまた、立ち上げたばかりの私の社、日本ユニ・エージェンシーの大きな収入源でもあった。このことだけでも、出版とは、利益を得て社を存続させながら、価値のある本を出版する信念を巧みに両立させることであり、それに誇りをもちつづけることだという、彼の主張がよくわかる。

その彼をパンセオン社から追ったアメリカ出版界は、今どうなっているのか。出版はどこへ行こうとしているのか。

ふたつの意見

著名な編集者ジェイソン・エプスタインは、「二〇年前、自分のこどもらとその友人たちが成年に達したとき、私は出版業は避けろと忠告したものだ。当時私は、出版業は絶滅とはいわないまでも老衰の極にあると考えていた」(『出版、わが天職』堀江洪訳、新曜社)という。またエプスタインは、出版を志す人で、お金が第一の目標であれば、おそらく他の職業、リテラリー・エージェントを選んだかもしれないとして、「売れる才能をめぐって激しく競争している今日の市場では、著者への印税保証額が急上昇するにつれて、多数のエージェントが裕福になっている」と記している。

本書のシフレンも、「エージェントの中には、有名著作者の作品を、自分がその著者の代理人ということにして、著者に知らせずに出版社に持ち込み、出版社が乗ってきた段階で、その著作者にいい条件を持っていくような」リテラリー・エージェントのなりふりかまわない売りこみを描いている。そしてこれには、「主要な著作者をしっかり確保しておく必要があり、あるいはまた、ベストセラー確実の新しい著作者を開拓していかなければならないので、そのためには主要な著作者の作品ならば損失を覚悟してでも出版していく。

ある場合は、それを自社の囮商品として利用する覚悟すらするようになった」出版社側の変化を指摘している。

この背景には、アメリカ出版界の合併吸収による寡占化がある。アメリカの出版界にとって合併吸収は、今までも多く見られた。この半世紀を振り返ってみると、六〇年代までと、七〇年代、八〇年代におおざっぱに区切ることができると思う。六〇年代までは、出版社の興亡や経営者の都合による、アメリカでよく見られる合併吸収であり、ランダムハウスの傘下に入ったクノッフ社やパンセオン社のようなケースや、三社が合併してホルト・ラインハート・ウインストン社になるようなものであった。

七〇年代は、RCAがランダムハウスを傘下に入れたように、CBS、MCA(ユニバーサル)のようなエレクトロニクスやエンターテイメント・コングロマリットによる合併吸収であった。これらは、それぞれの出版社がもつテキスト部門や児童図書部門や特長を活かしてシナジー効果を出そうとしたものだが、合併側の期待はずれに終わって、数年を経ずして破綻をきたした。だが、これで堰が切れたように、アメリカの出版界は、合併吸収をくりかえし始める八〇年代に突入するのである。

それがどんなものかを手短にいうと、多くのニューヨークの出版社は、タイム・ワーナー(AOL・タイム・ワーナー)、ディズニー、ヴァイアコム・CBS、ベルテルスマン、ニューズ・コーポレーションの五大メディア・コングロマリットの傘下に収められ、一九九九年には、上位二〇社の売上が、アメリカ書籍の総売上の九三％を占め、さらにそのうちの七五％が大手一〇社に集中している。その内容も、エプスタインの指摘によれば、一九八六年から一九九六年までの小説部門のベストセラー上位百点のうち、上位六三点が、トム・クランシー、ジョン・グリシャム、スティーブン・キング、ディーン・クーンツ、マイクル・クライトン、ダニエル・スティールの六人の作家が書いたものに集中されているというのである。

これらの背景のもとに、アメリカでは著作者によって、旧来型の文学青年少女的リテラリー・ニージェントは排除され、さらには前作出版社に与えられるオプションまで否定され、何百万ドルのアドバンス合戦が繰り広げられた。私は翻訳権に限定されたエージェントではあったが、その影響は日本にまで及んだことで、苦労を重ねざるを得なかったことを思い出す。それは、生き残るのがせいいっぱいの十数年で、著作物の内容でなく、ビッド（入札）かオークション（競り）かという言葉が先行する世界であった。実は私も、シフレンのいう、出版におけるサッチャーリズムとレーガノミックスの市場原理主義に、振り回されていたのである。そしてそれはまだ、つづいている。

この寡占化状況の分析や、それが多様な言論出版の自由を侵す弊害について、本書のシフレンも、『出版、わが天職』のエプスタインも、ほぼ同じ考えと見てよいだろう。ただ、急速にアメリカにおいて始まっている、インターネット時代の出版の行方については、意見が分かれている。

先の言のように二〇年前は出版界に入るなと勧めたエプスタインは、「今日では、私は本を尊重する若い人たちに反対の忠告をしたいと思っている。——八〇年前、ホラス・リブライト、アルフレッド・クノッフ、ベネット・サーフの世代を待ちうけていた変換よりは、道筋の大きく異なる、はるかに重大な結果をもたらす冒険」が待ちうけているとし、さらに「読者は自宅のコンピュータによって、この目録から自分の選んだ資料を、オン・デマンドによって印刷製本できる機械に転送させ一冊の本を手にすることが出きる。その機械の置かれる場所は、自宅かもしれないし、マンハッタンのキオスクかもしれないし、ナイル河上流かもしれないし、ヒマラヤの麓かもしれない」とさえいいきっている。

これに対してシフレンは、わずかな資金と多少の知識さえあれば、だれでもウェブサイトを開くことができ、自分の作品を発表することもできれば、電子ジャーナルなどを発行して全世界を対象に読者を開拓することもできるインターネットの利便性は認めている。しかし、オンラインが扱う大量の情報と、魅力あるサイトの維持にかかる膨大な費用から、マーケティング力に勝る大企業が、長い歴史を経てきた出版に君臨することになったのと同じように、いずれはインターネットを支配し、最終的にはインターネットへのアクセスまでをも管理する危険性を指摘している。

私と同年であり、出版社に入った年も奇しくも同じキャリア編集者エプスタインは、オンデマンド出版にとどまってオプティミスティックであり、年下ではあるがシフレンは、自らの努力で小出版社を維持してきただけに、ウェブサイトに過度な期待を寄せる危険をいいあてたように、私には思える。重要なのは、様々のメディアのなかで本来的にミニである出版のウェイトが、今後さらに小さくなろうと「フィクションであれノンフィクションであれ、どんな内容の新しい思想」を、たえず読者に提供しつづけ、信頼をえられるかどうかである。このアンドレ・シフレンの出版への姿勢こそが、インターネット時代においても、さらに出版者に望まれるし、「重大な結果をもたらす冒険」を保証するものではないだろうか。

＊初出＝アンドレ・シフレン著『理想なき出版』解説（柏書房／二〇〇二年刊行）

Ⅳ

回想 豊田きいち——出版者の権利

「出版者の権利」への宿願

日本ユニ著作権センターは、創立してから二三年余になる。その間、顧問であった布川角左衛門氏、森田正典氏、谷井精之助氏、豊田きいち氏、お世話になった大塚光幸氏、米川猛郎氏、原田文夫氏、角田栄一氏など、関わった多くの人を失った。

それらの人がおられて今日の日本ユニ著作権センターがある。改めて弔意と感謝を表したい。そのなかで残念なのは、多くの方が長生きされたにもかかわらず、日本書籍出版協会（書協）著作権委員会副委員長も務めた三省堂常務の角田氏が、六〇歳に届かないうちに亡くなったことである。

だれよりも、創業時から亡くなられる寸前までの長い間、力添えをいただいたのは、豊田きいち氏である。彼がいてこそ創められたのだし、つづけることができた。その豊田さんが亡くなられたのは、二〇一三年（平成二五年）一月一七日である。早いもので、来年早々には三回忌を迎えることになる。

その来年の一月一日から、今年改正された著作権法の設定出版権の条項が施行される。豊田さんの長年にわたる宿願は、すくなくともその改正ではなかったはずで、草葉の陰でどのような思いで、出版界を見ているかを考えると、彼に賛同していた私としては、忸怩たる思いがある。

複写機の発達と利用の拡大に伴って、書籍がコピーされて販売が阻害され、出版社に多大な損害を与えていることが問題視されてから久しいものがある。高額でしかも発行部数の少ない学術書に特に打撃が集中したこともあり、一九八五年、著作権審議会第八小委員会で、そのコピー公害対策の討議が始められた。

豊田きいち氏は、その小委員会に専門委員として参加していた。当時の私は、そのことは知らなかったが、業界誌や周辺の知人から著作権審議会では、版面権を出版者に与えるか否か、その権利を著作権にするか著作隣接権にするかをはじめ、経済界からの反対があることなど、聞き及んではいた。

だが、出版界全体に深くかかわる問題としてとらえていなかったと思う。ただ経団連が、出版者に出版権を与えているのに、さらなる権利を与えるのは反対だという色刷の立派なパンフレットをわが家まで送りつけてくるのに、異様さは感じた。出版者は、著作者の持つ出版権（複製権）を設定契約によって受けるだけで、著作権法は、出版者に自身の権利として与えてはいない。

第八小委員会が、出版者に固有の権利を与えるべきであるという答申を出したのは一九九〇年、日本ユニ著作権センター発足の一年前のことである。これまで著作権法は、著作権審議会の答申通りに改正されてきた。日本と比べて欧米の出版者の権利の大きなことを知っている私は、版面に限られた権利に疑問は持ったが、当然、立法化されると思っていた。それに対応する日本複写権センターは、一九九一年九月末に早々に開設された。

だが豊田きいち氏や谷井精之介氏を著作権相談員とし、北村行夫弁護士と私の発意ではじめた日本ユニ著作権センターの相談のなかでも絶えず問題にされるのは、版面利用のトラブルであったが、それを規制する著作権法改正はなされなかった。また豊田さんもそれに不満は漏らすことがあっても、その経緯について詳しくは話さなかった。

日本ユニ・エージェンシーは出版社でないにもかかわらず、日本出版クラブ会館ができたとき、著作権について数々の教えをいただいた美作太郎氏、偕成社の今村廣氏（著作権審議会第八小委員会の専門委員もいっとき務めた）の推薦があったからといわれて、その会員社になっただけでなく、私は在職時、あるときから事業委員を長らくやらされた。

そこで出版界の首脳部の人たちの声を耳する機会があったが、意外にも第八小委員会の答申に対して、異論があったり、無視するなど、さまざまなものがあることを知った。なかには、はっきり反対する人さえいた。

豊田きいち氏がそれらについて詳しく話さなかったのは、彼が小学館は辞めても書協の著作・出版権委員会の委員であったためではないだろうか。なによりも自身がかかわった第八小委員会の答申と書協の意見不統一との乖離をどう埋めるかを第一と考えていたに違いない。

その出版者の権利について、私がきちんと向かうようになったのは、当時センターの事務局長をボランティアでしてくれた元新潮社の出版部長大門武二氏の勧めで赤田繁夫氏に書いてもらい、「JUCC通信」二〇〇〇年九月号に載せた赤田繁夫氏の「出版者に権利は必要か」の一文を見てからである。赤田氏は冒頭で次のように述べた。

日本書籍出版協会が印刷メディアにおける出版者の権利についての研究報告書を公表し、会員社に内容説明会を開いたのは今年の六月のことである。

出版者の間で、出版者固有の権利の必要性がいわれ始めてから実に久しいがあの著作権審議会第八小委員会の報告書が出されてからも早くも一〇年が経過してしまった。出版者の権利問題を検討したその第八小委員会も設置に至るまでにおよそ一〇年の年月を要しているのである。出版者の権利獲得運動は明治大正時代にまで遡れるから、溜息が出るほどの歴史がある。

そこまで振り返らずとも、第八小委員会から一〇年。奇しくもバブル経済崩壊後の一〇年と重なるのだが、この一〇年は出版者にとって一体何であったのか。この一〇年、世界も日本も社会はあらゆる分野で構造的大変革の波に襲われ、出版産業もまた例外ではない。著作権制度も改革が進行している。しかしその中にあって出版者の権利問題だけは時が静止してしまったかのような印象を受けるのである。なぜなのだろうか。

今から一四年前の二〇〇〇年に書かれたものだが、今日、いまだに通用する迫力のある文章である。赤田繁夫氏は、NHK著作権課で長らくその業務に携わり、その後日本放送出版協会に籍を移した。その時点、出版社の一員として書協の著作・出版権委員会の委員に加わった。

だが、元来は他のメディアの著作権専門家であり、より広く公正な視点で「出版者の権利」を見つめることができた。しかもここにいわれている「出版者の権利についての研究報告書」をまとめた人でもある。

私はそこで、初めて著作隣接権としての「出版者の権利」について啓蒙された。と同時に、豊田きいち氏の宿願と悩みを理解できるようになった。また、豊田さんも、この赤田氏の一文が「JUCC通信」に掲載された前後から、なぜ出版者の権利が法制化されないかを、私にも話し始めた。

日本ユニ著作権センターを創り、豊田きいち氏の力を借りるようになったのは、著作権審議会第八小委員会の「出版者の保護関係」報告のあとである。だが遡って一九八五年に第八小委員会が発足したときに偕成社社長の今村廣氏がその委員に委嘱されたこと、にもかかわらずひと月ほどで辞めたことは、ご自身から聞いていた。

今村さんが辞めた理由は、そのころ、多くあったニューレフト系争議に偕成社も巻き込まれ、抗議が会議場にまで及ぶのを避けなければならないという配慮からであった。そのとき、今村さんは、書協の理事を始め公職の全てを辞した。私は、今でもそのことは出版界にとって、大きな痛手であったと思っている。

またその委員会には、当初、出版界の著作権の大先達であった美作太郎氏もいたことも、書協の美作スクールと呼ばれた著作権委員会のひとりであった野々村敞氏から聞き及んでいた。美作氏がその出版者の権利を、著作権と位置付けて主張していたこともそのとき知ったのだが、私は豊田さんが今村さんの後任として、それ以降三年も委員を務められていたことを、まったく存じ上げなかった。

調べてみると、豊田さんは報告書が出る前年の九月に委員を辞め、そのあとは日本雑誌協会の山下辰巳氏が引き継いでいる。おそらく豊田さんが、小学館か、そのあと役員になった関連会社を定年で退職したために辞めたのではないか。だが彼は、四五回も重ねた会議の三六回も出席し、中間報告案（一九八八年二月）作成にも関わっていたことがわかった。

正直なことをいって、私は、その辺のことも知らずに、また「出版者の保護関係」報告書も読むことなく、豊田さんに日本ユニ著作権センターの著作権相談員となってもらった。そして、毎週行われた著作権相談で、私は版面権についての知識を広めていったのだが、同時に豊田さんの「出版者の権利」が法制化されないいらだちを感じるようになった。

豊田さんが二〇〇〇年の「ＪＵＣＣ通信」に赤田繁夫氏の一文が掲載されたころから私に話し出したものは、「出版者の権利」の法理論的なものから、具体的な現状にまで及んだ。業界の内部事情に暗い私も、そこで初めて日本出版クラブで見聞きした、第八小委員会の答申に対する異論や反対の背景を知ることができたといってよい。

当時の豊田さんが、周囲の人間に繰り返し述べていたのは、次のようなことであった。

著作権法で定められている複製権は著作者の権利で、出版社はその許諾を受けて出版している。出版社の権利のように思われている出版権は、著作権法第七九条から第八八条に定められている設定出版権のことで、昭和の初期、円本合戦の折、著作者の二重契約に音をあげた出版社が運動して法制化された。いってみれば借地権のようなものであって、出版社が出版することで生じる自分自身の権利ではない。

また著作権審議会第八小委員会が出版者に与えるべきとしたのは、著作権ではなく著作隣接権であり、それも許諾を得ないでもできる報酬請求権である。その使用料を徴収する日本複写権センターの基本料金が一コピー二円（現在は三円）であることに、医学書や理工学書などの学術書の出版社から強い抵抗があるとも話してくれた。

たしかに学術書で三百ページ四、五千円もする本があると仮定して、それがコピー一ページ二円で計算されれば、六百円である。医学書や学術書のコピー公害を埋めるものではない。私が日本出版クラブの事業委員会で、求められて著作権等管理事業法の説明をしながら出版者の権利に少し触れたとき、ある理工学書の出版社の社長が割り込むようにして「われわれと、考えが違う」とはっきりいっていた。

もっとも、学会誌や学術雑誌の論文の著作権が学会や出版社に譲渡されているように、学術書の場合、出版社に著作権が譲渡されているという。複写は出版を目的としない複製であるから著作権者の権利である。出版社が著作権者で、複写を集中的に適正な料金で徴収できるのであれば、あえて著作隣接権である出版者の権利を必要とはしない。

日本複写権センターの委託著作物に白抜きRがあったり、日本著作出版権管理システムが発足したりし、現在のＪＣＯＰＹになったのもそのためのようだった。外部の人間である私には、豊田さんの話を断片的に聞くだけで、詳しくは知りうるはずはなかった。

豊田さんは、著作者と出版社が契約して出版することさえなかなか行われなかった一般の出版社が、期限や経済条件付きとはいえ、音楽出版社のように著者と譲渡契約をすることなど不可能である。著作者や利用者が受け入れやすい最低限の料金、また報酬請求権でまず固有の権利を獲得し、メディアの発達とともに許諾権やその他派生する権利に強め広げていくべきだと主張していた。

卓見である。だが多くの出版者に接している私に、一点疑問だったのは、出版社はその固有の権利獲得に熱心ではないのではないかということであった。高額の本を出している一部の専門書の出版社はとにかく、一般の出版社は、いい立てるほど複写の被害を蒙っていない。

放送や音楽のように、出版をひとくくりにして、複写対策で意見をまとめるのはもともと難しかったはずだ。雑誌から文庫まで出している大手、その他の中小零細という区分にとどまらず、学術書、専門書からコミックに至るまで出版物は多種多様である。

推察だが、豊田さんは、その主張ゆえに数年前まで長らく委員をつづけた書協の著作・出版権委員会では、孤立していたのではないだろうか。今だから話せるが、彼の日本ユニ著作権センター相談員就任時には、書協の著作権相談員たる豊田さんが他の相談員を兼ねるのはいかがなものかという書協からのクレームがあった。

そのため私は、当時書協の著作・出版権の総責任者の椿春雄氏に会い、こちらは会員に限定し、弁護士が加わる有料相談であり、書協の著作権相談とは性質が違うことを説明した。そのクレームは、書協の当時の理事から上がってきたもので、椿氏はすぐ了解してくれた。

おそらくクレームは、豊田さんを忌避したものでなく、著作権相談を通じて強めようとした書協への求心力の減少を恐れたためであったかもしれない。それに豊田さんは孤立していたのでなく、孤高であったのであろう。もちろん、彼はクレームに頓着することなく、日本ユニ著作権センターの相談員になってくれた。

それにつけても残念なのは、親しい友人であった三省堂の角田栄一が、第八小委員会の報告書が出た時点、書協の著作権委員会にいなかったことである。それには、私もいささか関わった事実がある。角田は、一九八〇年、著作権委員会の副委員長を辞していた。

当時、書協では労働争議が起き、労組の委員長が馘首された。私はその争議のいきさつも、委員長も知らないが、その職員は著作権委員会の担当者であったという。角田は、著作権委員会で重要な役割を果たしていた職員を、委員会に相談も連絡もしないで馘首したことに抗議して辞めたと私に話した。

その直後であっただろうか。友人の児童文学者の四十九日と納骨が、鎌倉の瑞泉寺で行われた。そこには出版労連の委員長であった楢橋国武氏も参会した。楢橋氏は労働運動にのみ名を残したが、講談社で海外児童SFを出しただけでなく、早川書房より先に、ハインラインの『夏への扉』、アシモフの『裸の太陽』を翻訳出版した編集者であった。

納骨の後の会食の折、楢橋氏は私に角田栄一を書協の著作権委員会に復帰するよう説得してくれないかと話した。出版労連の委員長である楢橋氏がなぜそのようなことをいうのか戸惑ったが、書協の労働紛争に巻き込まれる気がして、私は断った。

あとで考えついたのだが、楢橋氏はたまたまそのような頼みを私にしたのではなく、書協の首脳のだれかからの要請を伝えたのではないか。もっとも、角田の性向から、私の説得に応じたとは思えない。しかし、振り返ってみて、説得すべきであったという反省がある。

私も参加し、豊田きいち氏が副団長を務めた一九七八年秋の日中国交回復後初の編集者訪中団では、角田栄一は秘書長となり、癖のある編集者たちの多くをまとめた。角田は調整能力にたけ、同時に女房役に徹することができる人間であった。

しばらくの間、本社の教科書や参考書の編集から離れて実体がほとんどない三省堂企画の社長になったにもかかわらず、そこで三省堂の辞書やその他のギフト用の特装版を造り、企業などの注文を取って成績を上げるほど、実務にも優れていた。日本ユニ著作権センター創立時は三省堂の常務であった。

一九九三年春のパネル・ディスカッション「著作物の二次的使用の基本」では、豊田さんが角田を司会にした。彼もまた、台湾の弁護士や出版社をトーハンと共催で呼んだ著作権セミナーの会場に、三省堂のホールを貸してくれたりしていた。

書協の契約書ひな型に、印税の売上部数清算を入れたのも角田であった。また彼は、日本文藝家協会と書協との統一契約の実現の交渉にあたり、協会側の詩人で弁護士、中村稔氏とわたりあい、文藝側の設定出版権への拒否反応も充分味わっていた。

赤田氏の指摘したように、第八小委員会の答申が出てからの一〇年間に、その発意と責任で出版物を世に送り出す出版社は、当然のこととして「出版者の権利」を獲得すべきであったのである。学術出版社の異議があろうと、それらは出版社は著作権を持つことで複写権に関しては解決したのであるから、出版者の権利確立に消極的であっても反対はしなかったはずである。

その批判を気にしてか、何年か前、当時の理事が「出版クラブだより」に、当時の回顧を書いた。書協の責任者は彼と共に経団連や日本文藝家協会その他反対する諸団体をまわって、出版者の権利の実現に努力したという。豊田さんは彼らのことを、出版者の権利を理解せず、ただ頭を下げに回ったにすぎない。それでは、相手を説得できるものでない、と斬り捨てた。彼らしいぐさりと突き刺さる言葉だが、そこには無念さが込められていたと思う。

豊田きいち氏の無念さは、その後、新しい契約書ひな型、独占許諾契約書の作成に向かったと思う。

事実、日本ユニ著作権センター発足後から、しげく相談を受けたものに、出版契約書の作成があった。私は、豊田さんとも相談しながら、それぞれの事情や注文を聞き、数社の契約書のひな型をこしらえたと記憶している。

また、豊田さんと虎ノ門総合法律事務所の北村行夫弁護士とのコンビで、契約書とそれに関係する著作権につき、出版社に赴いて講演してもらったケースも二、三度ある。豊田さんは、「出前著作権相談」だといって、喜んでいた。

すでに出版契約では、学術文庫創刊時の講談社とNR出版会をはじめとする出版社間のトラブル（一九七六年〜）や、早川書房と徳間書店間の『太陽風交点』事件（一九八一〜一九八六年）がある。後者は裁判で延々と争われた。

前者は、他社が出している学術的価値のある本を、講談社が著者の許諾を得て文庫にしたことから争いが起きた。いわゆるクオリティ・ペーパーバックスで、マスを必ずしも狙ったものではないので、普通の文庫より値段は高いが、元版から比べればはるかに安い。当然、元版は売れなくなる。

ＮＲ出版会代表の新泉社小汀良久氏は、自社が出している石田英一郎著『文化人類学ノート』を断りなしに学術文庫に入れられたことに抗議して、講談社に「出版権についてどう考えるのか」という五項目からなる質問を文書で送った。それは契約書を取り交わしていなくても、出版権は自社にあるという主張だったと思う。

後者は、早川書房が自社の雑誌に連載し、単行本にして出版した堀晃著『太陽風交点』をめぐるトラブルである。この作品は、徳間書店をスポンサーとする日本ＳＦ作家クラブの「日本ＳＦ大賞」第一回受賞作となったのだが、その文庫化をめぐって早川書房、徳間書店との間で争いになった。

早川書房は雑誌から始まり、単行本にした経緯、さらに文庫本を出す許諾を得ていることから当然、出版権の設定を受けていると主張した。一方、徳間書店は「日本ＳＦ大賞」受賞作品として、著者と設定出版権の契約を結んで文庫本を出版した。

早川書房は、自らの文庫出版は見合わせて徳間書店の文庫の差し止め請求をした。裁判所は、早川書房は著者より文庫本を出す許諾を得たにすぎず、独占許諾でも出版権の設定を受けたものでもないとして、訴えを退けた。

著作権審議会第八小委員会が発足したのは、その訴訟の最中である。豊田さんは、その小委員会で出版者の権利を討議しながら、その裁判に注目していたに違いない。彼は、契約書の相談のたびに、自らが関与した日本書籍出版協会の契約書のひな型の瑕疵を、その都度、指摘していた。

こんどの改正以前の著作権法は、第八〇条で複製権の独占を定めながらその三項で次のようにいっている。

三　出版権者は、他人に対し、その出版権の目的である著作物の複製を許諾することは出来ない。

この項から、昭和九年に改正された出版権設定の条文は、円本合戦で苦汁をなめた出版社が、著者の二重契約を防ぐためのものであったことがわかる。決して海賊版対策ではない。一方、書協の契約書ひな型は、著作権者が出版者に排他的使用を与えるとしながら、次の項を加えていた。

前項の規定にかかわらず甲（著作権者）乙（出版者）同意のうえ本著作物を他人に転載ないし出版させる場合、甲はその処理を乙に委任し、乙は具体的条件について甲と協議のうえ決定する。

豊田さんが書協の契約書のひな型を瑕疵がある、もしくは違法とさえしたのは、法では他に複製を許さずとしてあるのに、契約書では著作権者出版者双方が同意すれば、許されるとした上記の文言である。そして、現在は、『太陽風交点』事件は特殊ケースで、二重契約をするような著者はいないことも付け加えていっていた。

たしかに、文芸に限らず、他のジャンルの著作も、多くが単行本出版後に文庫化される今、他社の出版を許さない設定出版権の条は、現状にそぐわないものになっている。事実、二重契約を法的に防ぐ出版権設定の登録は、ほとんどなかったと聞いている。それどころか『太陽風交点』にかぎらず、これらの事件が起きるまで、多くの出版社は書面による出版契約を交わさなかった。

豊田さんは、出版権設定契約の代わりに独占許諾契約を提唱した。おそらく、豊田さんは独占許諾契約を普及させることで、設定出版権の矛盾を明らかにし、出版者の固有の権利の法制化を促そうとしたのだろう。

私は私で、海外との取引の中で知ったことがあった。その発意と責任で著作物を世に送り出す出版者に、欧米ではそれ相応な権利が与えられていることである。欧米の出版社には、合併吸収はあっても倒産がないのは、その出版することによって生じた権利を、資産として持っていることがその一因といえる。

アメリカやイギリスでは、独占契約は即、複製権の期間譲渡（移転）である。アメリカなど、旧法時代はその最長期間は二八年にも及び、新法では、最低三五年になった。フランスでは、出版契約は複製権を譲渡するものと定めているし、ドイツでは、著作権は他人に譲渡できないとしながらも、利用権は譲渡できるとして、利用権者に著作権者と同じ権利を与えている。

譲渡というと、かつて著者と出版社で争われた買い切りと思われがちだが、印税や使用料など、許諾契約や設定契約と同じ経済条件を保障した上で複製する権利の移転である。論議された出版者の権利は、日本では著作隣接権にとどまっているが、欧米の出版者はそれどころかもっと大きな権利を持っていることになる。

私は、長く出版界にかかわったので、多くの倒産とその社員の失業を見た。友人や知人がその憂き目にあうのを見るたびに、欧米の出版者のように、その発意と責任で送り出した著作物が、権利として無形の資産とならない日本の実情が残念に思えてならなかった。

日本ユニ著作権センターは、豊田さんと北村行夫弁護士の主導のもと、数年にわたって契約書ひな型の作成の試行錯誤を繰り返した。その中で、明らかになったことは、豊田さんの目指す出版者の権利、すなわち版面権は、初版権と同じ意味合いであることであった。

私は、もっと早く、その初版権であることを出版界全体の共通認識とすべきであると思った。コピー公害・複写の問題として看過されて、出版者の権利が著作物を世に送り出す伝達権というもので、それは放送やレコードでは与えられている権利と同じであるという自覚に欠けていたような気がしてならない。

私たちに、その権利が無くとも、海外と同じく他者による複製権を含めた二次的利用に柔軟に当たれるよう、契約時にそれらの使用、利用から生じる著作権料の著作権者と出版社の配分をあらかじめ決める付属覚書を加えた。欧米の契約書には、当然のようにそれらが明記されているからである。

かつての日本文藝家協会との統一契約での難航を経験している豊田さんは、著作者がその二次的利用についての選択拒否、配分についての主張ができるようにした。彼は、たえず出版者の主張が大きくならないよう目配りしていたと思う。一方、書協の契約書ひな型は、すべての二次的権利が網羅され、出版者に委託していた。

他社の使用や利用による著作権料の著作権者と出版社の配分を明記したユニ型独占的複製許諾契約は、二〇〇四年に初めて公開し、二度ほどの改定を経て完成した。その完成は、豊田さんと北村弁護士の尽力があって可能であったと思う。あとは、「出版者の権利」が法的に成文化されるのを待つのみだった。

だが、第八小委員会の報告書が出て二〇年余の歳月がたつ。遅々として進まないことは、豊田さんの口吻から窺うことができた。出版者の権利は、仕切りなおして電子書籍などを含めた権利として法制化すべきだという声さえ出てきていた。

そのうちに、豊田さんは、書協の著作・出版権委員会から身を引いたらしく、その送別会があったという。私はこの時点で、一九九〇年の日本著作権協議会の答申した「出版者の権利」の法制化は終止符を打たれたと思った。

私が日本ユニ著作権センターの代表を辞めたのは、二〇一一年末である。豊田さんは、相談員は辞めたが、企画室常任顧問としては残り、引きつづきセミナーの企画を受け持ってくれることになった。

豊田さんからの申し出であったが、彼の体調からいえば、遠慮すべきであったかもしれない。歩道で自転車に追突されてからの豊田さんは、それまでとは一変して、歩行も杖を頼るようになっていたからである。だが、豊田さんは最後まで自分の体についての繰り言はいわなかった。

繰り言だけでなく、豊田さんには禁句があった。日本ユニ著作権センターの初期、相談が終わった後、前のビルの地下にあるペコパンという喫茶店で、ビールで一杯という慣習があった。そのとき、私がその一杯を飲んで、慰労の意味で「ああ、つかれましたね」といったとき、彼にたしなめられた。

豊田さんは、どんなに疲れたときでも「つかれた」といわないのだという。私は逆にそれをいうことで、疲れを振り切れると反論したが、それも今では懐かしい思い出のひとつとなっている。

豊田さんが亡くなる前の年の秋、しばらく著作権から遠ざかり、図書館問題や翻訳出版史に没入していた私にも、ふたたび出版者の権利が取り上げられ始めたという噂が耳に入ってきた。こんどは版面権からではなく、オンライン出版における海賊版対策からのようだった。

その年の暮れの押しつまったとき、豊田さんから連絡があって、川崎駅そばのつばめグリルでふたりだけの会合を持った。そこで豊田さんは、日本ユニ著作権センターの定例や特別セミナーについての現状と今後の指針を話してくれた。

今考えてみると、それは豊田さんの遺言にもなった。だが、つばめグリルで彼の定番のハンバーグの食べっぷりからは、年が明けて急死するなど思いもよらなかった。

たまたま、オンライン出版を含む出版者の権利に話題が及んだとき、豊田さんは首を振って、版面権からスタートしなければと、ぽつりといった。やはり、豊田さんにとって、一九九〇年の日本著作権協議会の答申「出版者の権利」は、宿願であると思った。

だが、ときはすでに遅しであったかもしれないが、まず版面権から出版者の権利を取るべきであったと、このたびの改正を見てつくづく実感した。豊田さんは、ぶれなかったし、その宿願は正しかった。

豊田美学を貫く

豊田きいち氏は、翻訳出版にほとんど関わらなかったから、私が知るのはずいぶん後である。後といっても、四〇年近く昔になる。ふたりが中国への初めての旅に加わったときである。

一九七二年の秋、田中角栄によって日中国交が正常化されても、中国では文化大革命が継続していたので、日中間の交流はあまり進んでいなかった。それでも出版界の首脳たちの何人かは、日中文化交流協会の斡旋で、中国を訪問していたが、出版の現場ではほとんど交流が無かったし、そもそも当時は訪中そのものが難しかった。

そこで文化出版局局長の今井田勲氏が声をかけて日中友好編集者会が結成され、そこが窓口となって一九七六年、第一回訪中編集者団が結成された。団長はもちろん、今井田さんだったが、副団長には講談社の専務加藤勝久氏とともに小学館の豊田きいち氏がなった。

あとで豊田さんに教わるのだが、一九七〇年の著作権法改正後、メディア各界の著作権実務担当者と文部省著作権課との意思疎通を図ることを目的とした民・官の親睦会、著作権二水会はこの今井田さんと新評論社の美作太郎氏、朝日新聞社の大塚光幸氏の肝いりで創られたのだという。そのこともあって、佐野文一郎氏や加戸守行氏など当時の著作権課長も、メンバーになっている。

戦中の出版界弾圧の横浜事件に連座した美作太郎氏がその後の言動から官と民の連絡に気を配るなど、私には想像できないことであった。かつての出版人の器の大きさだけでなく、彼らが出版の原点としていかに著作権を大事にしていたかを物語っている。この創立時、美作、今井田、大塚の三人が著作権二水会のメンバーに出版界から選んだのは、豊田きいち氏ひとりであった。

豊田さんは、創立メンバーの民間側のほとんどが亡くなられたにもかかわらず、最後まで著作権二水会の継続に意を尽くした。やはり、選ばれた責任とその必要さを感じてのことだろう。彼は、アメリカのご長男の家で奥さんが亡くなられたこともあって、渡米していっとき拒食症になられた一、二ヵ月を除き、私が著作権二水会に入会してから死ぬまで無欠席であった。

考えてみれば、一九七六年の訪中団に参加した人は、豊田さんを始め、今井田さんとなんらかの関係がある人が多かった。当時女子栄養大学出版部の編集長で、のちにテレビで活躍した琉球王朝末裔の岸朝子氏も、今井田さんと同じく主婦の友社の出身である。雑誌社が多かったのはそのせいではないか。

書籍関係では、岩波書店、筑摩書房、三省堂、農文協で、秘書長に私の友人の三省堂の角田栄一がなった。角田栄一だけ、文革の真っ只中、訪中して新華社通信やマスコミ関係を見て回っていた。私は、出版社の編集者ではなかったが、角田との関係で誘われた。

その年、一九七六年が今でも私に強い印象を残しているのは、中国では年頭に周恩来が死に、それから周恩来の弔いから始まった第一次天安門事件が発生し、七月に革命の元勲ともいうべき朱徳が亡くなり、そのあとすぐ、二〇世紀で最大の地震といわれた唐山地震が起きた。そして九月の初め、毛沢東が死ぬ。

一〇月に予定していた訪中団は、緊急な会合を開き、予定通り行くかどうか話し合った。中国側が受け入れれば行こうとしたところ、歓迎するという返事に出発することになった。

一〇月八日から二二日まで、上海から始まって南京その他を回り、北京を終着地とする二週間の旅であった。そして、私たちは二〇世紀史上に残る、思いもかけない大事件に遭遇することになる。

中国というところは、序列を大事にする国で、今井田さんはひとりで通訳付きの乗用車に乗り、副団長の加藤、豊田の両氏もまたふたりいっしょだが乗用車。われわれはバス。また食事もその序列で卓が別。宿泊にも差をつけるので、上海から始まり、南京、鄭州と回っていったが、豊田さんと親しくなる旅ではなかった。

ところが夜行列車で北京に着き、つぎの日、私たちは郊外の下放された知識人の働く農場を訪ねた。その帰り、今井田さんの強い要望で、印鑑作りで有名な琉璃廠《リウリーチヤン》へ寄ることになった。そのときは、序列に関係なく、みなバスでいっしょであった。

北京市内に入りかける途中、私たちは異様な集団にあった。リヤカーに載せた太鼓や、ドラなどを鳴らしながら、プラカードを掲げた一隊である。それがつぎからつぎと辻ごとに現れ、数を増して私たちのバスと行をともにするように市内へ歩いて行く。プラカードには、なにやら大きな字がひとつ書かれ、その上にバッテンを描いている。どうやらそれは、中国流のデモ行進のようだった。

私たちが宿泊している北京飯店を過ぎ、天安門の前に来た辺で、道という道から湧き出てきたとしか形容できない巨大な群衆の群れ群れに囲まれて、バスは、いっとき身動きできなくなってしまった。そこでまぢかに見ることができたバッテンを付けられた字は、江、張、姚、王の四文字である。

やっとその四つの文字が、文化大革命を主導した江青、張春橋、姚文元、王洪文の四人の姓であることが、私たちにもわかった。中国で政変が起きたのである。のちにこれが四人組追放を支持して天安門広場を埋め尽くした、第一回目の百万人祝賀デモであることを知る。

さすが今井田さんだった。彼は少しも動ぜず、印鑑作りにこだわり、大群衆の中を琉璃廠へバスを強行させた。だが、北京飯店に戻ると、豊田さんと加藤氏はいそいでそれぞれの社に国際電話をした。

彼らの報告が、私たちを仰天させた。私たちが旅立ってすぐ四人組が逮捕されるさまが、北京から流れてきて、それから連日、それに関するニュースで、日本では大騒ぎしているというのである。北京に入るまで二週間、その中国にいた私たちには、そのかけらさえ感じられなかった。おそらく加藤、豊田の両氏は、週刊誌の部下から突き上げを食ったに違いない。

つぎの日、中国側との会談が行われたが、そのときでさえ、中国側はこちらの昨日のデモについての質問に答えず、「情勢はたいへんハオ（好）」とのみで、説明を避けた。そればかりか、彼らのひとりが逆に質問してきた。「ここには新潮社の人はいないようだが、『週刊新潮』は反中国ではないか」と。

だれも答えようとしない。沈黙がつづいたのはむりもなかった。そのような質問は予期していなかったし、あの百万人のデモに度肝を抜かれたあとである。それにみな同業ということもある。そこで同業者でない末席の私が、やむなく発言した。

「新潮社には、『人民中国』や『中国画報』を愛読している友人がいる。いちがいに反中国とはいえないのではないか」

私自身、答えながら姑息な言い訳だと思った。すると、豊田さんがいった。

「『週刊新潮』は、反中国ではない。編集方針によるものだ」

豊田氏は、日本には言論出版の自由があるだけでなく、その編集内容が一定の読者を確保して、販売を支えていると説明したかったと思う。だが、メディアはすべて国営であり、言論統制がしかれ、編集者は公務員で売れる売れないはまったく関係ない中国で、それ以上の説明は冗言になってしまう。

中国側はあっけにとられたのか、これで「週刊新潮」が反中国であるかどうかという話はけりがついた。私は、そのとき初めて豊田さんという人の、小学館のおえらいさんというだけではない一面を知ったのだと思う。

それから四〇年近く付き合うようになるのだが、私がそのとき豊田さんに感じた、いうべきときには逡巡しない。そのときは相手がどう反応するかも、自分の立場や利害なども考えない。しかも、言葉は核心のみで多くは語らないという、豊田美学とでもいうべきものは、それ以来少しも揺らぐことがなかったと思う。

彼はパーティなどで探してみると、中心の群れにはいないで、ちょっと外れたところに立っている。といってそれほど離れてもいず、声をかけてきた人とは言葉を交わす。また会合でも、主客の席にはいないが、必ず他の人の言葉がわかる位置に座る。話しかければ、短く答える。しかし、いつも自分から話題を提供したり、中心人物になろうとはしない。ただ、他の話のなかで、彼の考えや事実と違うことを聞いたときは、間をおかずに、しかもはっきり短く自分の意見をいう。それはときたまは、相手にぐさりと刺さることもあったが、意に介さない。

だが、ときをおいてみると、それは正論であったかどうかは別として、だれかがいうべき意見であったと気がつく。いわれた人のなかには、快く思わぬ者もいたはずである。また率直にいえば、豊田さんの言は、核心すぎてかつ短く、一般には理解されなかったことが少なからずあったのではないだろうか。
それが出版者の権利が初版権であるということ、伝達者の権利として当然持つべきものということを、出版者全体の共通認識となしえなかった理由のひとつだったかもしれない。改めて第八小委員会の答申が出たころ、豊田さんからくわしく彼の話を聞き出せなかったことが惜しまれてならない。

私は豊田さんが国学院大学を出たことを、同じ大学の出身者である出版クラブの大橋祥宏さんから聞いた。私の人生は、戦中戦後、軍隊を含めてすべてが中退であるから、学歴と呼べるものがないので記しようがないが、豊田さんは書けるはずなのに自著に学歴を残していない。

なにかのときに、豊田さんは早稲田大学で学んだと話した。すると大橋さんの話と違うので、聞き返すと早稲田から国学院に移ったという。なぜかというと、教えを乞う教授が移ったからだという。
あの戦後は、学びたい教授の授業を他の大学生が盗講しに来てもそれを許す時代であったから、私は聞き流した。だが、彼の死の二、三年前、ふたりだけの会食のとき、初めて彼のキャリアを聞いて同時代に生きた私は、おどろくと同時に、豊田美学きわまれりと思った。

豊田さんは、旧制の獨協中学を出た後、旧制の第二高等学校（仙台）に入り、徴兵猶予がなくなって、敗戦は前橋の特別予備士官学校で迎えたといっていた。復員後、旧制早稲田大学に進んだのだが、一年後に国学院大学に転学したという。

今の人には、それがなぜ私をおどろかせたか、理由がわからないかもしれない。当時は旧制高校に入るのが難関であり、なかでも二高（現東北大）は、一高（現東大）や三高（現京大）とならんで難しかった。そこを出れば旧制の東京帝国大学や京都帝国大学の法学部や経済学部はともかく、文学部であれば容易に入れたはずであるからだ。

私の質問に、彼は東京帝大の国文科には習うべき学者がいなかったといった。たしかに彼の師、言語学者金田一京助教授は、昭和一八年東大を定年で辞め、早稲田に移り、まもなく古巣の国学院大学に戻っている。彼はその後を追って進学し、転学していた。つまり、学歴そのものを無視した学び方をしていたのである。

豊田さんには、もうひとつのこだわりがあった。それは彼が生粋の江戸っ子であったことである。深川生まれであったという。先祖は豊島村の名主であったとも漏らした。池波正太郎の鬼平の母方の叔父は、たしか豊島村の名主であったから、一度その感想を聞いてみようと思っていたが、機会を逸した。

なにかの会合のとき、隣りにいた編集者が、「貴方も江戸っ子でしょう。セミナーでの喋りを聞いたときわかった」と私にいった。編集者は向島生まれの江戸っ子であるという。もう一方の片側に豊田さんがいるので、半端な江戸っ子の私は答えられなかった。するとそれが耳に入ったのか、豊田さんは「今は、山の手混じりを江戸弁というのか」と編集者にまで聞こえるほど、はっきりいった。その通り、渋谷育ちの私は、親譲りで「ひ」と「し」の区別がつかないだけである。

とはいえ、その半端な江戸っ子の私への気配りはたいへんであった。昔の味だというおでん屋に連れて行き、私の顔色から察したのか、ここの欠点はつゆが濁るからといって「ちくわ麩」を入れないことだと弁解した。

ふたりである出版社の招待を受け、「ネギま」を食したとき、仲居が煮えたといってネギをまず取り出して勧めた。これまた私の反応を読み取ったのか、二、三日して、「銀座百点」かなにかに彼が書いた「ネギま」の切り抜きを、なんのコメントもなしに送ってくれた。

そういえば豊田さんは、日本ユニ著作権センターにかかわらなかったら、有名な料理のレシピ集をカラーのイラスト入りで出せたと嘆いていた。私の願いから彼の老後の趣味を奪ったことになる。

豊田さんの亡くなる前年、著作権二水会五百回記念パーティを開いたこと、彼が気にしていた『編集者の著作権基礎知識』の新訂版（太田出版）を出すのに力添えしたこと、それが私のせめてもの埋め合わせになったのであればよい。

その五百回記念パーティだけでなく、著作権二水会定例を長年、開催してきた数寄屋橋のニユー・トーキヨーも、この二月で閉店する。創設者のひとり、亡き大塚光幸は、生前、ニユー・トーキヨー社史を書いておられた。

またその地下のバーには、かつて豊田さん専用のビールの陶器グラスが置かれていた。そのニユー・トーキヨーも、かつてその前に対のようにあった朝日新聞社や日劇の建物と同じく、壊されてやがては忘れられていくだろう。

だが、忘れてはいけないのは、豊田きいちさんの宿願「出版者の権利」である。著作権法の改正が施行されたからといって、その宿願を先延ばしにしてはならない。一刻も早く、その実現をはかる必要がある。

「拡大設定出版権」は、デジタル、オンライン時代、著作者と出版者の双方を決して満足させるものではない。それはその欠陥とともに、現実の進行の中で明らかになるはずだ。海賊版対策であるならば、登録を必要としない著作隣接権で充分対応できる。

出版権設定契約ではなく独占契約に、著作隣接権でも報酬請求権に、豊田きいちさんは最後までこだわった。そこには出版者の固有の権利の獲得だけでなく、著作者への「遠慮」があった。彼の「出版者の権利」追求は、思索に裏打ちされた豊田美学そのものといえるのではないだろうか。

＊初出＝「著作権日月抄」（日本ユニ著作権センターＨＰ／二〇一四年二月〜二〇一五年三月）

V 公立図書館のさらなる普及・充実のために

出版界に根強く残る図書館への反発

『図書館に通う』を書いた宮田でございます。

専門の皆さんを前にして、図書館のことについて喋ることにはためらいがあって、お引き受けするのは正直なところ気が進みませんでした。けれども、気楽にやって構わない。ということだったのでここでお話しすることをお引き受けしました。

岩波書店の創立者の岩波茂雄は、「出版屋が本を読んでいたら商売にならない」といったそうです。

同様に私も翻訳権エージェントですから、海外の本を読んだり、できあがった翻訳を読んだり、それから最近の出版傾向を知るために、それ以外の本を読んだりしていたのですが、実際はきちんと本は読んでいなかったのですね。ただ斜め読みをしていたのです。それこそ、本を読んでいたら商売になりません。ほんとうに私が本を読んだのはこの十数年、それも図書館のおかげでした。

最初は自分で買っておいた本を読んでいたりしているうちに、図書館に行くようになったのですけれど、図書館通いをしていると聞いたみすず書房から、それについて書いてみないかというお誘いを受けました。

私はいわゆる図書館学というものをいっさい読んでおりません。選書がどういう具合になされているかも、知りません。予算がどうだったり、人事がどうだったり、労働条件がどうだったり、そういうこともいっさい知らない。

もうひとつ、私は八五歳という棺桶に足を突っ込みはじめている人間ですから、人前で最後までお話ししきれるか自信がない。しかし、末期高齢者のひとりであるけれど、今まで編集者であったり、著作者であったり、翻訳権エージェントであったり、著作権コンサルタントであったりして、そういう形で出版界と長いおつきあいがあった。しかも出版社の人間としてではなくて、ウォッチャーという感じで見てきた長いキャリアがあります。

そのうえ、そういう仕事をしながら、同時に海外の出版事情と日本の出版事情とを比べてきたということがあった。その中には図書館も入っていた。もちろん図書館というものは、大きなウェイトを占めるものではないのですけれども、常に問題意識として持っていました。

そのなかで、いつも感じてきたことは、出版社は図書館の役割をきちんと評価していないと、生き残れないのじゃないか。そういう長年抱いてきた考えがあります。

そんな観点で、きょうは図書館の人にお話ししてみたい。出版界というものはほんとうはどういうものなのかということを、図書館の方がご存じなのかどうか。まあ私は、この歳まで生きてきたこともあるので、戦前のことから戦中戦後の出版界を横からずっと見てきたので、そのへんについてお話しします。

まずは、図書館の人に知っておいてもらいたいこと、出版界の図書館についての見方や、そのもとになる出版界の構造的なものから話していこうと思います。

『図書館に通う』を出すときに「当世公共無料貸本屋事情」というサブタイトルを付けることに対して、そうとう抵抗がありました。しかし、これを出さないと、きちんと読んでもらえないのではないかと考えたので、結局付けることにしたのですが、これを付けるということで、出版社と著作者ですね、それから図書館側の双方から反発が起きることは予想の範囲内でした。

私の本が出て間もなく、雑誌「新潮45」に「経済栄えて文化滅ぶ」という記事が、出ました。

浅田次郎さんとの対談です。ここで「新潮45」が浅田次郎さんにお尋ねしているのは、現在、騒がれている電子出版をめぐる「出版者の権利」の問題についてでした。

そのなかでテーマとは別に、浅田次郎さんに「新潮45」はこういう質問をしています。「その大事な書籍を作り出す過程に、大きな影響を及ぼしてきたのが、公立図書館の貸本サービスです。今や、新刊の販売総数より図書館の貸出総数の方が多くなっている。またサービスの進化にも驚かされます。スマホを貸出中の本の本棚にかざすとその本が何人待ちかが表示され、さらに他の図書館の状況を見て予約までできるというのです」

このことについて、浅田さんにどう考えるか尋ねているのです。

出版社にもいろんな考え方の人がいると思います。だけれども、あくまでも図書館の貸出サービス、つまり現在の複本状況について我慢できないという考え方の人が多いのではないか。だから取り上げているテーマにはあまり関係ない、こうした質問を出したのでしょう。それはもちろん、新潮社に限らず、文芸書ないしはベストセラーを出している出版社全般の考えと見たほうがよいと思います。

それに対して、浅田次郎さんは次のようにご発言されている。

「私が思うに図書館というものは、もともと住民に知識を供与するところであって、娯楽のために存在する場所ではないのですよ。

私も図書館で生まれ育ったようなものですけれども、私の若い時分の図書館というのは娯楽本も雑誌も一切置いていませんでした。図書館には学術書がたくさん置いてあって、ようするに町では売っていないか、売っていても高くて手に入らないという貴重な書物を網羅してあった。だからそれを読みに通っていたわけでね。決してそこで時間をつぶそうとか、遊び半分で行ったわけではない。

だから、住民に対して、図書館が娯楽を供与するサービスであるという考え方は、根本的に間違っている」

こういうご意見です。

さらに浅田次郎さんは、デビューされて直木賞をもらったあたりらしいのですけれども、ある市立図書館で講演に呼ばれたときに、図書館の関係者が『鉄道員』がうちの図書館には六〇冊もあります」と力説されたことを紹介し、「私は、最初、その意味がよくわからなかった。図書館にある本は一冊じゃないかと思っていた。複数あるということ自体が、ちょっと妙な感じがしたのです。よく考えてみたらその六〇冊によって私が得をしているはずはない」と、述べられています。

それからもうひとつ。これはブログの私の本の書評からちょっと引っ張ってきたものです。

「図書館の蔵書が娯楽ばかり増加している。閉架の資料を提示したり、活用しろ。蔵書が汚い。利用者として著者が図書館に思うエッセイ的な愚痴本。例えば市の公共施設として利用者が要望する本を完全無視するわけにはいかない。資料の修理が含まれる内部業務と接客とを分離させ、内部業務に当たる人員削減のため修理まで手が回らない。複本の多さは寄贈もあるからだし、図書館の選書についての言及もあってしかるべき。おまえはツタヤのまわしものか」というご意見でした。

これはおそらく図書館の方のご意見だろうと思うのですが、私は図書館の内部的なことは、全然知りませんから、その実態は存じ上げていない。

ただ、私の本をよく読んでいただければおわかりになると思いますが、私は複本を増やせといっているわけでもないし、非難しているわけでもない。わが街の図書館の選書を評価さえしています。

もっと違う、つまり第三の道ということを考えられないかということを、私自身としてはこの本のなかで提案したつもりです。やはり全体的には、そういう印象を受けられたのではないかなという気はしていました。

そしてもうひとつ。アマゾンには、

「この本の弱点は取材が足りない。というより、ほとんどされていない点、想像と推理で筆を進めているところが散見されるところだ」とし、「図書館が新聞書評をできるだけ集め、選書の参考にしているかどうか寡聞にして知らない」それから「大型活字本の老人ホームへの貸出サービスも寡聞にして知らない。なぜ取材しようとしないのか」という書評が出ていました。

実は私自身は、なまじっかの調査をしないということを、この本を書く前提としたのです。図書館の方々だったらこれはみんな知っていることだろうと思うから、あくまでも半可通の立場でものを申したくなかった。だから図書館学の専門書もいっさい読まなかったのはそういう理由です。

そういった点をまず知っておいて、きょうは私の話を聞いていただきたい。もちろん、そのなかにはもう皆さん方のよくご存じのことや、また実践されていることもあるし、私自身がきっちり理解していないというご指摘をされる面もあるかもしれない。まあそういった点はご勘弁願いたいと思います。

社会的インフラとパブリック・リーディング

著作者・出版社の無理解というのは、やはり私は、社会的インフラとしての図書館認識に少し欠けていることがひとつあると思うのですね。

それから二番目に、日本では、まだ、パブリック・リーディングということについての理解が不足しているのではないかと思います。

私の本にも書きましたけれども、日本の近代化を急いだ明治政府は、学校教育のインフラには力を入れたけれども、それと表裏一体の図書館の整備については、ほとんどインフラとしての認識がなく、その必要性は感じなかった。その状態は、戦後までつづいていたのです。

私の小学校時代というと昭和一〇年前後から始まるのですけれども、そのころは子どもたちが利用できる図書館はほとんどなく、学級図書室もなかったのです。教室の後ろの方にちょっとした本棚があって父兄が寄付した本が数冊ある。

図書館というのは東京では上野の図書館があったけれども、上野の図書館には子どもは入れなかった。それから日比谷の図書館と、私の本で紹介している大橋図書館と合わせてふたつの図書館しか、子どもたちに開放していなかった、そういう時代だったのです。

戦前の日本が、いかなる近代化を進めたかということがこのことからもわかります。国の津々浦々まで小学校や中学校を造り、さらに高等教育が発達したにもかかわらず、大学図書館はともかくとして、普通の図書館というものはほとんどなかった。だからパブリック・リーディングという考え方は、ありうるはずがなかったのです。

その考え方の根本は、知識は国が教えるということで、図書館があることは一般大衆が自ら知識を学ぶことにつながる。戦前は、国民個人個人が自ら本を選んで、しかも学ぶ機会が増えることを怖れたのでしょう。そういうことがあって、街の図書館というものがなかった。

図書館法ができたのは昭和二〇年代です。当時は占領下でしたから、連合国軍最高司令官総司令部、GHQの指導によって行われたと見てよいでしょう。

平和条約後まもなくできた学校図書館法も占領下のGHQの指導の延長によるものといえないことはありません。これには、アメリカ的な民主主義を普及させるという目的があって、政治的であったことは事実ですけれども、図書館についての新しい概念が、これらによって生じたことに間違いないでしょう。

しかし、法律はできたものの、私が調べた一九七〇年ごろは、公共図書館の活動は微々たるものであったように思われます。それまでは、出版社は、元来あるべき図書館があって、その購入によって出版が継続して再生産できるという、欧米ではごくあたりまえの形態の恩恵をこうむることなく、明治以降大きくなっていき、さらに戦後もその状態で成長していったのです。

しかも出版社は、大別して雑誌を主体としている社、単行本を主に出している社、というよりもマスプロ・マスセールを目指す社と元来ミニプロ・ミニセールの性質の本を出す社のふたつに分けられます。

それから著作者にしても、自分の本が売れる人、売れない人という区別もある。これは世界的にそうなんでしょうけれども、十数年ほど前の統計ですが、例えばアメリカの過去一〇年間のベストセラー百位を占めている著作者の数は、わずか十数人です。つまり、売れている本を出している作家の数は、きわめて少ないことを意味しています。

これも前に調べたことですけれども、アメリカでものを書いている人の平均執筆年収は、五千ドルだというのですね。アメリカでも日本でも執筆だけで食べていける人の数は少なくなっている。

そういうような状況が片方にあって、出版社自体も多種多様ですね。一般向けもあるし、専門書もあるし、文学でも純文学もあるしエンターテインメントもあるし、まあエンターテインメントの中でも現代ものがあり時代小説があり、それから児童図書の中にも絵本、児童文学、読みもの、学習的なもの、それぞれの立場によって、理解が違ってくるのは当然です。

マスプロ・マスセールのための販売システム

しかし、根本的な問題は、出版界の今の構造にあるのではないかというのが、私が個人的にずっと抱いてきた考えなのです。

そのひとつは、出版界が、戦時下の統制会社を引き継いでいる販売システムにいまだに依存していることです。

戦前は四大取次といって、東京堂、北隆館、東海堂、大東館、この四社が雑誌の配給ルートを担っていた。そのほかに無数の大中小の取次があった。ただし雑誌についてはこの四大取次が独占していて、他の取次は介入する余地はありませんでした。単行本については、取次を通すほか、出版社が直接書店に配本したり、書店が取次の役目を果たしたりして、無数の流通ルートがあったのです。

それが戦時中の紙の統制と同時に、言論統制があって、それは検閲をしやすいという面もありますから、それによってすべての取次が日本出版配給株式会社に統合された。それが昭和一六年三月、ちょうど太平洋戦争が始まるちょっと前です。いわゆる日配で、本も雑誌もすべてここをとおして、配本、配給されるようになった。さらに戦況の悪化に伴い、出版社は二〇三社に整理統合され、日配も昭和一九年には、日本出版配給統制株式会社となります。

当時も、戦後のある時期までは、紙も統制で配給されていた。戦中は、出版社はその紙で本を作り、日配に全部搬入し、日配は本屋に配給した。配給と名乗るぐらいですから、点数も部数も少ないし、買切制で返本なしです。

戦後は、日本出版配給統制株式会社は、「統制」が取れて、日本出版配給株式会社になりました。すべてがすべて買切りではなかったが、システムはそのまま引き継がれた。それが昭和二四年だったと思いますが、独占集中排除法で日配は解散され、そのあと今の日本出版販売、東京出版販売、日本教科図書販売、略して日販、東販、日教販といっていますが、それらに分かれて発足したのです。

たしかに文字面では配給が販売に変わりました。だが実態は日配のときと変わらず、教科書は日教販が扱いますが、日販、東販は本も雑誌も扱い、出版社もその多くを東販、日販に搬入して配本させた。違ったのは、委託制になったことです。そしてこのシステムが、現在までずっとつづいてきているのです。

この雑誌も本も区別なく、大取次に依存して販売するシステムは、大手だけでなしに中小の出版社にとっても、当初はたいへんに都合の良いものだったのです。机ひとつだけの小出版であっても、本をこしらえれば日販、東販はたいてい取ってくれる。しかも搬入すれば、自らの販売努力をしなくても、そのうちの何割かは現金か手形で販売会社からもらえる。

もちろん、前と違って過当競争になりましたから、返本という大きな問題があったけれども、当たれば何十万部、ときには百万部以上売れるというマスプロ・マスセールには、たいへん都合の良いシステムでした。そういったことがあって、自分たちのこしらえた本をどうやってそれを必要とする読者に読んでもらうかという努力や視点が失われながら、出版社はどんどん発展していったのです。

しかも大手の出版社は、それぞれ東販、日販の大株主であって、協力してもらえることもあって、大型の全集であるとか、大部数の雑誌、とくに週刊誌とか、そういうものを次々に発行していった。それがだいたい出版不況が叫ばれだした二、三〇年前ころからおかしくなってきた。一方図書館というものが出てきたことによって、図書館がマスプロ・マスセールを邪魔しているのではないかという声が出てきたという事情があるのです。

その辺をまず図書館側も知っておいてもらわないと、なぜ出版社側からそういう声が上がっているかということがわからないと思います。

私はよく存じ上げないが、出版社からカタログが送られてくるとか、出版社が図書館に販売を促進するというような海外ではなされていることが、日本でなされているかどうか、どうなのでしょうか。

むしろ、六ヵ月後に読んでくれとか、複本を買うなとかいっている以上、新しいこういう本が出ますよという情報を、図書館に連絡する出版社は限られているのではありませんか。このような事情は、片方では図書館が大きく発展しないため、出版社は図書館の購入を前提に出版しなかったことと、戦前の配給会社の配給システムが、現在まで引き継がれたということの両方が、原因になっているのではないかと思います。

なぜ日本ではペーパーバック革命が起きなかったのか

それからもうひとつ出版界の構造でいっておかなければならないことは、図書館にとっても大きな問題だと思うのですけれども、日本では欧米で起きたペーパーバック革命といわれている変革が起きなかったことです。

そういうと、文庫本があれだけ並べられているではないかといわれると思います。さっきの販売システムのときに申し上げましたように、戦前は雑誌の配本と書籍の配本は別だったのです。それが戦後は東販、日販も含めて雑誌も単行本も、同じところで同じような形で配給されている。つまり、販売されているといわなければいけないのかもしれないのですけれども、実質的には配給されている。で、その延長線上に、ペーパーバック革命が日本では起きなかった。そう私は考えています。

なぜかというと、文庫が、つまりペーパーバックが欧米のように雑誌のルートで配本されないで、単行本のルートで配給されているということが、その大きな問題点だったのです。

文庫というと、まず岩波文庫を想定します。日本の文庫の原点というのは、岩波文庫です。岩波文庫は、ドイツのレクラム文庫に範をとり、一九二七年、私の生まれる前の年に誕生した。

私なんかは中学生になったころ、おこづかいで岩波文庫を買うとたいへん大人になったような感じがしました。岩波文庫は、教養や古典を万人のもとに届けるという非常に大きな志を持って、刊行を始めた。それはレクラム文庫の考え方でもあって、岩波文庫だけの考え方ではないのですけれども。さっき浅田次郎さんが図書館で学んだと話したのと同じように、我々の教養を助け、その血となり肉となったのです。

当時百ページで星がひとつだった。星ひとつで二〇銭かな。星がふたつだと四〇銭という、非常にまあ値段もすっきりした値段で、当時の市電、今の都電の料金が七銭でしたから、電車に乗るのを三回倹約すれば本を一冊買える、そういうような形で岩波文庫が広まっていったのです。

戦後は角川文庫がいちばん最初にやったのですが、古典の文庫、いわゆるクラシック、思想、哲学、そういうものの文庫だったものを、浅田次郎先生のいう娯楽性の帯びた文学を大量に、夏目漱石や何かだけでなくて、もっと娯楽性の強いものを角川文庫で始めた。

それが今では一般化して、日本の文庫を形作っているわけです。その点では、海外との違いはないのですが、欧米のペーパーバックと同じとはいえません。

海外ではレクラム文庫の段階を、ペーパーバック革命といっているわけではなく、一九三五年、戦争の始まるもっと前の話ですけれども、イギリスでアレン・レインという人がペンギン・ブックスというものを始めた。レクラム文庫とは違って、いち早く文学のエンターテインメントも含めて、ミステリーとか、例えばアガサ・クリスティーとかですね、ミステリー作家の作品まで収録するシリーズを廉価本で出した。そのことが、ペーパーバック革命の始まりと考えられています。

そしてさらに太平洋戦争中に、アメリカでは、戦争に行っているGIつまり兵士たちのために、彼らのポケットに入る粗末な装丁のペーパーバックを出版社にこしらえさせ、ヘミングウェイの作品とかそういう作品を収録して出版した。それが現在のアメリカのペーパーバックの原点なのです。で、これが戦後、日本ではびっくりするような初版部数を、ときには何百万部を一度に印刷する革命を起こしました。

なぜ革命が起こせたかというと、日本では文庫が返ってきますと、鑢《やすり》をかけて、汚くなっているところをきれいにして、もう一回市場に出します。これは単行本と同じやり方ですね。ところがアメリカのペーパーバックというのは、雑誌と同じ扱いをしているのです。

雑誌と同じ扱いというのはどういうことかといいますと、雑誌の場合には、表紙を切り離して取次に返すと、返本とみなされる。流通経費の大幅な削減です。ペーパーバックは、流通ルートも雑誌ルートにし、扱いも雑誌並みに表紙を切り取って、返本にしてもらう。雑誌と同じように返本とみなされて清算されるから、値段を大幅に下げることができます。

同時に雑誌の流通ルートですから、本屋さんだけではなくて、ドラッグストアだとかあらゆるところで、ペーパーバックが置かれて売られるようになった。そういうことがあって、ペーパーバックと単行本とが違う形で作られ流通され、発展していったのです。

それで単行本はキチンとした装丁にし、充分採算の取れる価格にしても売れる。もちろん、ペーパーバックはごく安い価格で売れる。それに図書館が加わり、三つの形態で読書が広がったのです。

日本にそのようなペーパーバック革命が起きなかったのには、流通の違いや経費の削減以外にも理由があります。

アメリカの場合も、イギリスの場合も、ペーパーバックを出すときには、ペーパーバックの出版社は、著者ではなく、ハードカバー、つまり初版を出した出版社と契約しなければならない。印税も、初版の出版社に払います。その印税を初版の出版社と著者が分け合うのです。そのほか、ブッククラブだとかその他で出される場合も同じです。日本では、そのような形になっていません。

なぜかというと、出版社にそれを主張できる権利が与えられていないからです。本は、出版社の発意と責任、リスクの上で世に送り出されます。その伝達者に与えられて当然の固有の権利が出版社にないから、他社にペーパーバックの出版を売り込むことも、それからの収入も期待できない。それが欧米との違いです。

そういうことがあって、文庫本をご覧になるとわかると思うのですけれども、文庫本のほとんどが、同じ社で雑誌でまず出し、それを単行本にしたあと、時期をおいて出されている。

いちばん最初に出した出版社に与えられる権利、いわゆる初版権といっているわけですけれども、その初版権があって、文庫本と流通ルートも違い、文庫本からの出版社印税が期待できれば、本の出し方も変わってきます。

今のままだと、単行本を出したあと、二、三年たたないと文庫本は出てこない。海外のペーパーバックは、あまり遅くない時期、たまには同時に出版してくる場合もあるし、あるいは市販の定価よりクラブ員に安く売るブッククラブ版が同時に出ることもある。それらが可能なのは、単行本を最初に出した出版社の利益になるからです。

本が今より安く、手に入りやすくなり、しかも著作者にも潤うようにシステムが変われば、図書館の複本問題も、何百という予約待ちの問題も解決できます。本の購買層の拡大にも結び付くわけです。

文庫本と単行本とが並行して売れるかということについては、日本の流通ルートの問題がありますから、いろいろな意見があると思いますが、現在でもこんな事例があります。

昨年の話題作に百田尚樹の『永遠の0』という作品があります。この『永遠の0』の場合は、現在、私の調べた限りでは文庫本は約四百万部売れている。単行本の方も一五万部以上出ている。この場合、単行本を出した出版社は、文庫本の出版社から印税が入る契約をし、さらに単行本も今なお売りつづけています。

しかし出版社に固有の権利を与えないと、なかなかこういった契約はしにくいものです。つまり今の出版事情というのは、実をいうと、発意と責任で本を送り出した初版本の出版社に固有の権利を与えていないということが、そもそもの原因です。

図書館と出版社というのは、元来共存して発展していくべきものなのに、相対立してしまったのは、図書館というインフラの充実が日本では遅かったということに原因がある一方、出版の方にも問題がある。それはなにかというと、今、私が申し上げたような出版界の構造的欠陥ではないかというのが、私の考えです。

私の図書館利用の変遷

私自身の経験からいって、図書館を利用する変遷というのは、さっき申し上げましたように、まず教養だったわけですね。教養があって、調査があって、趣味娯楽という形で図書館を利用してきたのです。

趣味娯楽の利用の方法も、公民館の市民図書室、図書館、それから今ではインターネットを使って利用する場合もあります。

少年時代は、公共図書館もなくて学校図書館もなかった。青年時代になって、もっぱら上野の図書館を利用するほかなかった。

いわゆる社会人になってからは仕事上、国立国会図書館を大いに利用させてもらいました。しかし、街の公立図書館はまったく利用しませんでした。学校図書館の充実は知っていたけれども、公立図書館の充実は知らなかった。

公立無料貸本屋論争が二〇〇〇年ごろに起きました。その時期にも、私自身は町の公共図書館を利用していませんでした。公立無料貸本屋だというような形で論争が起きたことで、公共図書館というものがずいぶん充実してきたんだなと思いました。

公共図書館の設置数を見ると一九七〇年ころは八百館そこそこだったのですね。けれど、それが今（二〇一〇年代）は二千五百館はあるということを聞いてびっくりしました。私が公共図書館を利用し出したのはこの七、八年です。そしてこの公共図書館というものは、たいへん魅力があるということを知りました。

インターネットで、資料を予約してから借りることもできる。私の場合、受取場所は近くの公民館を使ってやっています。いちばん最初に公民館に行って簡単に借りられるんだなということを知って、それから公民館では足りなくなって蔵書がたくさんある図書館に行くようになったのです。

そこで名前だけ知っていて、今まで読んだことのなかった作家の本が開架に並んでいるのを見ました。私は高名な高村薫だとか宮部みゆきだとか桐野夏生だとかいう女流作家の作品は、図書館に行って初めて読んだのです。それから東野圭吾だとか海堂尊だとか、あるいはもっとずっと先に登場していた佐々木譲や逢坂剛をはじめとする、現在よく読まれている作家の作品のほとんどを、図書館から借りてその面白さを知りました。

しかもそれだけでなくて図書館というものが、今いかに発展しているかということがわかったのですね。図書館で、蔵書を相互に融通し合っているという点も。私が実際に図書館に通って、国会図書館にない街の図書館の便利さを知った。

私の住んでいるところは藤沢市ですが、藤沢市の図書館になくても、よその図書館にあるものは借りられることがわかりました。そこで藤沢の図書館にない場合は、近くの図書館のサイトを検索して、調べたい本や読みたいものを探します。見つかって申し込みをすれば、藤沢の図書館は取り寄せてくれます。

ですけれども、相互利用して融通し合っている図書館と、そうでない図書館がある。私の経験では県立図書館の方はあまり借りられなかった。国会図書館も借りられない場合が多く、借りられても時間がかかるうえ、図書館に来てその場で読めという形でした。

藤沢市の場合、隣りの横浜市が協力してくれるし、図書館の人がきちんとやってくれるから、横浜市が持っている本がこちらに回ってくるので、たいへん利用しやすくなっています。

といって私は、趣味や娯楽や話題の本まで、よその図書館の本を借りているわけではありません。たしかに、私は図書館を利用しだしてから、話題の本や趣味・娯楽書の予約申し込みの、待ち数の多さにびっくりしました。

なかには二百何十番目などというのがあった場合、まあ、そこまで待って本を借りるかといいますと、どうしても読みたい本の場合は買います。二百何十番まで待っているあいだに、その本についての興味は薄れます。またその待ちの多い作家の他の作品はどんなものか関心を持ち、すでに文庫化されている他の作品を買います。それは、図書館の本で読んで、面白かった作家の場合にもいえます。

仕事から離れて、読みたい本、残したい本に絞り、本を減らしたのに、この数年でまた本が増えてしまった。それは、図書館が結果的に本のパブリシティをしていたためです。

公共図書館への不満と要望

ここから、現在の公共図書館にたいする不満というか、要望を申し上げます。

図書館の窓口で本を借りたり返したりすると、「ありがとうございます」という言葉は必ずいわれます。国会図書館でそんなことをいわれたことがありませんから、初めは面食らいました。

これも私が図書館のことを知らないので申し上げるのですが、窓口におられる人の多くは、かつて司書の免許を取られ今アルバイトとしておやりになられている人で、本についての知識は充分ある。そうでない人も、本の大好きな人なんだと思います。

だとしたら「ありがとうございます」というのはよいのですが、ちがうサービスがあったらと思いますね。勉強されて、上から目線でこれを読みなさい、あれを読みなさいといわれるのは問題なんだけれども、利用者と交流して、こういう本もありますよ、こういう本も出ましたよというかたちでのサービス、つまり情報提供というのがないのですね。検索画面を見ると、ベストリーダーだとかベストオーダーというのがある。それはそれである役割があるのでしょうけれど、何か工夫が足りていないような気がするのです。

これは私の『図書館に通う』に書きましたけれども、図書館の開架は、分類がされています。最終的な分類はそれでいいかもしれないですけれども、新刊が出て一年間ぐらいは、フィクションとノンフィクションのふたつに分けていただければいいのではないかと思います。

新刊を分野別に分けると、それぞれの図書館で工夫はされているとは思うのですが、その本の持つ多種多様な性格が、図書館の判断に委ねられてしまい、この分野に入れられては、気が付かない恐れがあるなということを時々感じるのです。分野別にしないで、とにかく一年間はフィクションとノンフィクションのふたつに分けて、新刊棚に入れていただく。そうすればなにが新刊なのかもわかるし、利用者の選択幅も広がる。そういう自由さで本を選ばせてもらうのが好ましいと思うのです。

それから選書に絡んで、複本の問題がありますね。浅田次郎さんや日本文藝家協会の方々や大手の出版社がたいへん怒っている複本の問題。浅田次郎さんがいっていた六〇冊も受入れしたというのは私にとっては信じられないことです。怒るのが当たり前でしょう。

私の街の図書館を例にとると、図書館が四つに公民館が一〇館ある。せいぜい多くても一〇の公民館と四つの図書館それぞれで一冊で計一四冊になる。小説などの場合、四つの図書館にはそれぞれ一冊はあっても、公民館一〇にあるわけでない。公民館の方は、たいへんばらつきがあって、私の利用する公民館は少ない。四つの図書館も、みなあるのはベストリーダーか、ベストオーダーの本ぐらいでしょう。なかにはひとつかふたつの図書館にしかないものがある。

よく調べているわけでないけれど、あの村上春樹の『1Q84』だって、三十数冊だったと思います。公民館に各一冊、残りは四つの図書館にある。本館がいちばん多いのは、おそらくそのなかには貸し出さないで蔵書として置かれているのもあるのではないでしょうか。私の街、藤沢市は人口が四〇万以上、割ってみれば大した部数ではありません。

しかもそれだけあっても、二百人以上待ちということは、待てない人が本を買う方に流れることを考えると、あるいはのちに出る文庫に結びつくことを考えると、読者を増やしていることになるわけですよね。それだけ図書館が、本離れを食い止めていると考えられるのではないでしょうか。

逆に複本の問題よりも、図書館を無料貸本屋といって批判している人たちが、図書館に例えば娯楽書を置くべきでないなどと主張している方に異議があります。

娯楽はいけないといっているけれども、では夏目漱石はかつては娯楽ではなかったのか、ということだってありますよね。浅田次郎さんもご自身は娯楽を書いていると思っていらっしゃるかもしれないけれども、お書きになったものから、いかに生きるべきかを学んだ方はいっぱいおられる。文学であるか純文学であるか、娯楽であるか教養であるか、いったいどこで線を引けるのか疑問だし、引いてはいけないのではないかというのが、子どもの本を書いていた時代から、私が持っている考えです。

図書館への選書の要望は、娯楽であるからいけないとかいうことでなく、もっと利用者に本の情報を与え、その反応、リクエストなどを反映させていくサービスをする。それが適正な選書を促し、「公立無料貸本屋」という誹りを無くすことに結びつくのではないのではないか。

その場合やはり、大事なのは書評の提供です。著作権法上難しいのかもしれないけれども、書評を活用していただけないかということです。書評をそのままコピーすれば、新聞社が文句をいってくるだろうし、本来、書評した人にいちいち断らなければ著作権法違反になります。

著作権法にひっかからないように、例えばケースとして考えられるのは各新聞を複数購読して、その新聞の書評を切り抜いて展示するのであれば著作権に触れない。それに著作権法に触れない形での紹介の仕方というのも、工夫すればあるわけです。それは事実のみを載せる。書評の中の、いい本だとか出来の悪い本だとかいう、著作物にならない範囲の紹介のしかたというのがあります。そういう書評情報を利用者に分かるような形にしてもらえないだろうか。

出版社によってはホームページに、自社の本の書評が出ると、どの新聞のどの日に出ているとか載せますね。業界誌「出版ニュース」の最後のところには、大手の新聞、雑誌、週刊誌に限られているが、その書評データが出ています。出版社の方は、それだけでは済まないものですから、そこのホームページを見ると、どこの書評に載ったかというデータを、趣味の雑誌、地方誌、同人誌に至るまで詳しく載せている。ぜひ、これはどの出版社もやってもらいたいものです。

できれば著作権料を払って書評全文、あるいはダイジェストを提供するのがいちばんなのですが、せめてその書評データだけでも、図書館の利用者に提供できないか。ベストリーダーだとかベストオーダーだけでなく、そういう情報を知らせてほしいと思います。

図書館こそ書店の感覚をもつべき

それから図書館は、読者層を広げようと、けっこうイベントをしておられる。入口に張り出されているイベントを、しょっちゅう見ているわけではないのですけれども、イベントは何か教養とか文化的なものに限られている気がするのですね。教養とか文化に限るだけではなくて、もうちょっと幅の広いものにできないか。年寄りの私が無理して歩いても行きたくなるような興味を惹くようなものは、あまりないような気がしています。

私は、図書館を利用している人が大勢、図書館が開く前、行列を作っているのを見ました。そのほとんどが六〇代、つまり定年退職した人たちが行列を作っているのですね。それらいろいろな人生経験をした人たちに何か知恵も借りて、魅力的なイベントはできないだろうか。

たとえばNHKの大河ドラマ、今ですと黒田官兵衛か、その前のときは何ですか忘れましたが、そういったテレビの人気ドラマの原作や関連する本を、書店は店頭に並べます。歴史をテーマにしたものであれば、文献的なものから娯楽的なものから、いわゆるこれを知っておかなきゃならない式の本まで、あらゆる種類の本があるわけですね。しかし、図書館と違って、書店は新刊に限られます。

私の本について、書店の人がたいへん勉強になった、書店も図書館と同じような感覚を持たなければならないという書評を「週刊新潮」でなさっているのを見て、たいへんうれしく思いました。ですけれども、それは図書館によりいえることです。図書館は、書店と違って、絶版になったそれに関係するあらゆるジャンルの本を、蔵書している。それを集めてきて、開架して見せることができるからです。

それだけでは終わらせずに、それをテーマにしたイベントというか講座を開く。講師には、地域の退職した人にボランティアでしてもらう。大河ドラマだけでなく、時期時期のテーマが必ずあるはずです。そういったいろんなテーマごとに図書館が、本を読んでもらうための工夫があるのではないでしょうか。

開架には人手が足りないとか、イベントは手間がかかり過ぎるとか、批判はあるかもしれない。けれども、情報としてパソコン検索できるような形は、今でもできるのではないか。それからその社会的意義がわかってもらえれば、リタイアした人たちのボランティアも期待できるのではないかと思います。

私はまあ、細かくはできませんが、仕事をする最低限のメールとそれからホームページの検索だとかはパソコンを使うことができる。七五歳以上の後期高齢者でパソコンを使っている人は、あまりいないかもしれないけれども、団塊の世代の人の場合は、パソコンを使える人が多くなっているわけですから、あとは図書館の工夫次第じゃないかと思います。

本を選択する情報やイベントを、図書館はどんどん広げていったら、それによって今まであまり本を読まなかった人であっても、読みたい本が増えていって、本を読む機会を増やしていくことができるのではないか。

やはり図書館こそ、書店の感覚をもつべきです。

「知の広場」であり「市民の家」でもある

それからもうひとつ、図書館についての私の要望というのかな、不満というのかな。開館時間、これはおやりになっている館は多いと思うのですけれども、今私の住んでいる市の図書館の場合だと、本館は九時から五時までですね。それから公民館図書室が一〇時から五時まで開館しています。その時間をもっと延ばすことはできないだろうか。図書館によってタイムラグをこしらえるようにして、閉館時間に流動性を持っていただけないだろうかと。

それから、できたら駅だとか公共機関とかそういうところに、本を返すことのできるようなポストのようなものを、まあこれもやっていらっしゃる図書館があるかもしれないが、もっと設置してもらえないだろうか。

川崎市の武蔵小杉の駅のように、駅に図書館ができたら理想的です。開館時間もサラリーマンにとって利用しやすい時間帯にすることは、すでに多くの図書館がおやりになっていると思いますが、サラリーマンと年金老人と子どもは、それぞれ利用の時間帯が違います。ときには、それに応じて時間を短縮しても構わないのです。

それからもうひとつ、図書館利用の前提として、原則、私は図書館に置いてある文庫は借りないことにしています。もっとも、当時問題にもされず、絶版になって久しく、その単行本が図書館にも置いていない場合は、やむなく文庫を借りたことはあります。

さっきいいましたように、日本にはペーパーバック革命がなかったと申し上げましたけれども、日本の文庫はほんとうの意味のペーパーバックではない。もっと値段の安いものにしなければいけない。私のいうペーパーバックは、マス・ペーパーバックで、クオリティ・ペーパーバックではありません。海外でいわれるマス・ペーパーバックにしないと、これから先の電子書籍の時代になってどうなっていくかという問題もある。

それはそれとして、図書館で文庫が置いてあるのを見たとき、違和感を覚えたものです。図書館にあるものは蔵書として長くみんなに読んでもらう造本のものでなければならないと思います。

それは直木賞を取ったり芥川賞を取ったり、特に直木賞を取ったりした作家を調べていくとわかるのですけれども、図書館は評判になってから購入するわけだから、その作家の単行本の第一冊目、第二冊目にあたる本は図書館にない場合が多い。それをカバーする点もあって、文庫を置いているということはありうるのですよね。

そうではなくて文庫本を置いているのをよく見るのですけれども、図書館は原則として文庫を置かない。文庫を置かない代わりに、できる限り新人の作品であっても、いい作品は選書して蔵書する。それによって、その図書館の良し悪しがわかる。文庫や全集でなく最初の単行本で蔵書していることで、図書館を利用者が評価したり、図書館同士が評価をし合ったっていいのではないかと私は思ったこともあります。

やはり、望ましい図書館というのは、『知の広場』という、アントネッラ・アンニョリさんのみすず書房から出た本を見て、いろいろ私は勉強したのですが、図書館は「知の広場」であると同時に、もっと広い役割を持つ「市民の家」にならなければいけないのじゃないかと思っています。

「知の広場」であって「市民の家」でもあるというのは、ひとつの例をあげて説明すると、確定申告の場合ですね。私の藤沢市ですと、駅の通路で、税理士の人が来て説明会をやっています。それを図書館でやったらどうか。同時に税務関係の本をその時期は閉架にあったものも含めて全部集めて、勉強してもらう。

それは介護の問題もあり、年金の問題もあり、いろいろあると思います。まあ市民活動と図書館とが一致してくれると、私みたいに年金老人になった人間にはたいへんありがたいし、そしてさらに年金老人にならなくても普通のサラリーマンでさえも、図書館をどんどん利用するようになるでしょう。

図書館を、単に本を読むというところだけでなく、その知識を他のものにつなげていく。また他のものから本につなげていくという活動が、これからもますます盛んにならざるを得ない。電子書籍の時代になればなるほど、図書館の役割というものは大きくなるのではないかと思うのです。

出版社のほうも、図書館を敵視するのではなくて、営業の対象とする。マスはパブリシティとして、ミニは再生産のよりどころとする。図書館も書評などの書籍情報を利用者に伝えて選書して、新刊旧刊のそろう書店になってほしいというのが私の結論です。

（二〇一四年二月五日、立川市中央図書館にて講演）

解説　全体性獲得への衝動

北村行夫（虎ノ門総合法律事務所所長）

宮田昇さんは、軍国少年であった。このことを抜きにして、この本を読むことはできないと思う。

日中戦争から太平洋戦争への激動は、正義感に溢れた無垢な少年たちを愛国心で染め上げた。宮田さんもその例外ではなかった。神武東征に始まり教育勅語に至る一貫した思想体系の基礎の上に、正邪に二極化した世界情勢観が吹き込まれれば、武をもって邪を正すことが臣民の当然の義務であるとすることは道理であった。真珠湾攻撃から一年もすると、既に子供の感性は、戦局の行く末を鋭敏に感じ取り、次第に我こそ難局打開の捨て石たらんとの決意に燃えるようになっていた。

死を恐れない人間はいない。しかし、志が後に続く者に引き継がれると信じれば、死は恐れるに足りない。その熱気が宮田少年をして自ら海軍航空隊へ入隊する道を選ばせた。

高輪中学に集まった入隊予定者は、同じ年頃の少年たち三人がひと組で作る騎馬に乗せられ、「俺たちもあとに続くぞ」という老若の熱烈な歓声の中を品川駅へと行進した。戦争が終わって復員したとき、宮田少年は一六歳であった。他の多くの兵隊と同様に、家族の所在と安否を確認することから戦後生活を始めることになった。

宮田さんは、復員から三年後に雑誌「近代文学」の編集者となった。これが宮田さんの編集者としての出発点だった。「近代文学」では無茶振りともいえる形で仕事が振られた。原稿を著者から得て校閲することは当然として、この雑誌の特性から、文芸講演会の仕切りまでこなすことになった。

しかしこのときに出会った多くの人との縁は宮田さんを鍛え上げただけでなく、結果的には後々様々な形で互いに助けあうことにもなった。人の縁は不思議なものである。

宮田さんは、出版界では、編集者としての経歴よりも、日本ユニ・エージェンシーの経営者として知られている。翻訳権のエージェントとして同社を育て上げ、先行するタトルと双璧をなす会社にした手腕はよく知られている。私が宮田さんに出会ったのは、一九八〇年代の中頃で、それは丁度、後発だったユニ・エージェンシーがタトルの背中を捉え始めた頃でもあったようだ。

この出会いは、高校の二年後輩の、私同様にやんちゃで早熟だった高瀬幸途君の紹介によるものである。彼は飛鳥新社という編集プロダクションを起業した挨拶に来た。私は、その少し前に独立して今の神谷町駅の近くに小さな事務所を開いたばかりだった。今思えば、彼の気持ちは、弁護士として独立開業したばかりの先輩に少し仕事でも、という心遣いだったと思う。が、少しもそんな素振りを見せず、「これからは著作権が大事です。勉強しておいてください」と注文をつけて帰った。いかにも彼らしかった。

勘のいい彼はやがて私の「勉強の進捗」状況に業を煮やしたのか、宮田さんを紹介し、宮田さんとの月一回の勉強会が始まった。勉強嫌いの子供に家庭教師を付けたようなものだった。すでに宮田さんは著作権法の勉強を積んでおられた。加戸守行氏の『著作権法逐条講義』を読むよう勧められたのも宮田さんからだった。

宮田さんの経験は実に広く、探求はそれと同じくらい深く、私には全てが新鮮だった。宮田さんの話やそこから繰り出される疑問を聞いているだけで、著作権法を少々かじった程度の弁護士が宮田さんに法的見解を披瀝できる余地などなかった。

宮田さんの経験知は想像を超えていただけでなく、知れば知るほど近代社会の市民感覚であり、むしろ本当の意味のリーガルマインドというべきものであると感じた。

宮田さんは、○×式の答えには絶対に満足しない。そこには、直面した問題を過去の経験や知識で割り切ろうとしない鋭さと執拗さがあった。この点に私は大いに共感した。問いには、問いを求める者の動機があり、その動機への答えになっているか否かがこそ大切だからだ。

このようにして私の「宮田ゼミ」通いが始まった。宮田ゼミの勉強には「神保町うまいもの歩き」がついていた。二重の意味で贅沢な勉強会だった。ここでの話し合いが、その後、今日の日本ユニ著作権センターの発足につながる。

私は、宮田さんの探究心を「全体性獲得への衝動」と呼んでいる。「部分に甘んじない姿勢」といってもいい。

近代社会における個人は、隣接する諸関係を認識し、判別し、諸関係に対して行動する能動的な主体として措定されている。ジグソウパズルのピース一片ではない。それゆえにこそ、個人は全体へ埋没することに抵抗する本性を内包しているのであり、自らの内側に全体性への衝動を内包することをもって他者との連携を模索しようとするのである。仮にその個人が、ジグソウパズルの一ピースに甘んじてしまうなら、知らず知らずのうちに隣接するピースに合わせることで安堵し、折角の優れた先見力もせいぜい「空気を読む」ことに費消され、パーツとして自分の望まぬ一枚の絵を完成させ、やがて没主体性に起因する高価な代償を支払わされることになる。

あるとき宮田さんに「軍国の呪縛が解けたのはいつですか」とお聞きしたことがある。

宮田さんは少し考えながら、「天皇の人間宣言だろうな」といわれた。戦後生まれにとって神としての天皇とは、「極端化された比喩」に過ぎない。が、宮田さんの世代には現人神は疑う余地のない実在であり、日本精神の動かしがたい中核だった。

焼け跡の街に戻った宮田少年が、やがて編集者としての第一歩を歩み始めたのは「近代文学」においてであったが、近代的な個の確立を目指していたこの集団の編集に就いたのは偶然だろうか。また、やむをえぬこととはいえその後の様々な「編集をはみ出す業務」に対して、それを厭うことなくこなしてきたのも決してなりゆきに身を任せたからではあるまい。これらは、自分の体と頭で確かめながら全体性を自己の内側に獲得しようとする一貫した行為であり、宮田少年の敗戦による覚醒、すなわち変わり果てた渋谷駅頭に立ったときに感じた幼き日のご自身についての内省を出発点とするものだろうと思う。

宮田さんは、今年八九歳になられる。同世代の多くの人々は、既に現役引退後の趣味の生活を楽しむか、病床に伏せているか、鬼籍にあるか、いずれかであろう。

宮田さんは、表現者として未だに現役である。文筆や講演の活動は、宮田少年があの瓦礫の中で感じた「全体性獲得への衝動」が言論に血を通わせる姿勢の根底にある。

本書の元となった宮田さんに対するロングインタビューのことを最初にいいだしたのが、宮辺尚、岡聡、私の三人のうち誰だったかは記憶にない。

しかし三人それぞれが、宮田さんの体験を世に出さないのはもったいないと大分前から考えるようになっていた。その教訓とエピソードは現在の著作権と出版を考える上で貴重なものと思えたからである。とはいえ、私はインタビューに同席したに過ぎず、本書出版の奮闘は専ら先のおふたりによるものである。

そこで何もしなかった私にあとがきを書くようにとの指示がおふたりから来た。私は本をあとがきから読む癖があるので、あとがきを書くことは、私のような前座にふさわしい役回りと思ってお引き受けした。本文では軽くしか触れられていないことに深入りし、そこに私の思い入れを交えた。

宮田さんは来年卒寿を迎えられるが、その先の白寿まで、できればその先へと「卒業」を延ばし、「生涯現役、臨終停年」を貫いていただきたい。不肖の弟子達は心からそう願っている。

撮影—北井一夫

宮田 昇 みやた・のぼる

一九二八年生まれ。

編集者、翻訳権エージェント、著作権コンサルタント、児童文学作家（「内田庶」名義）。

戦後、「近代文学」編集部を経て、五二年から早川書房の編集者となりハヤカワ・ポケット・ミステリを創刊。

五五年に退社し、チャールズ・E・タトル商会で翻訳権エージェントとなる。

六七年、矢野著作権事務所創立に関わり、七〇年、日本ユニ・エージェンシーと改称して代表に。

九一年、日本ユニ著作権センター創立。

九九年に『翻訳権の戦後史』で第21回日本出版学会賞、二〇〇二年に第23回著作権功労賞を受賞。

おもな著書は、『翻訳出版の実務』（日本エディタースクール）、

『翻訳権の戦後史』『図書館に通う』『敗戦三十三回忌——予科練の過去を歩く』

『戦後「翻訳」風雲録』『小尾俊人の戦後』（以上みすず書房）ほか。

出版人・知的所有権叢書01

出版の境界に生きる

私の歩んだ戦後と出版の七〇年史

二〇一七年五月三日　第一刷発行

著者　宮田 昇
編集　藤井直樹
営業　田中 太
発行人　岡 聡
発行所　株式会社太田出版
〒一六〇-八五七一　東京都新宿区愛住町二二　第三山田ビル四階
電話〇三-三三五九-六二六二　ファクス〇三-三三五九-〇〇四〇
振替〇〇一二〇-六-一六二一六六
ホームページ http://www.ohtabooks.com
印刷・製本　中央精版印刷株式会社

ISBN978-4-7783-1569-6 C0095